Georg von Giycki, Johann Wolfgang von Goethe, Jean Baptiste
Pierre Antoine de Monet de Lamarck, Charles Darwin

Versuch über die philosophischen Consequenzen

der Goethe-Lamarck-Darwin'schen Evolutionstheorie

Georg von Giycki, Johann Wolfgang von Goethe, Jean Baptiste Pierre Antoine de Monet de Lamarck, Charles Darwin

Versuch über die philosophischen Consequenzen
der Goethe-Lamarck-Darwin'schen Evolutionstheorie

ISBN/EAN: 9783743624689

Hergestellt in Europa, USA, Kanada, Australien, Japan

Cover: Foto ©Thomas Meinert / pixelio.de

Weitere Bücher finden Sie auf **www.hansebooks.com**

Versuch
über die
philosophischen Consequenzen
der
Goethe-Lamarck-Darwin'schen
Evolutionstheorie.

INAUGURAL-DISSERTATION
WELCHE
ZUR ERLANGUNG DES
PHILOSOPHISCHEN DOCTORGRADES
MIT GENEHMIGUNG DER
PHILOSOPHISCHEN FACULTÄT DER UNIVERSITÄT BERLIN
den 29. Mai 1875, 11 Uhr
öffentlich vertheidigen wird
der Verfasser
Georg v. Giżycki
aus Glogau.

OPPONENTEN:
M. Oberbreyer, Dr. phil.
G. Pfeffer, Stud. rer. nat.
H. Pratsch, Stud. phil.

BERLIN.
DRUCK VON CARL LINDOW,
Grenadierstr. 29.

Dem Andenken

meines unvergesslichen Freundes

MAX BECKER

in innigster Liebe und Verehrung

gewidmet.

Vorrede.

Unsre Zeit ist in philosophischer Hinsicht eine Zeit des Sich-Besinnens. Die geschlossenen Philosophen-Schulen haben sich grösstentheils aufgelöst, und man schwört nicht mehr auf die Worte eines Meisters; zögernd schaut man aus von einem bedeutungsvollen Wendepuncte auf noch vom Morgennebel der Zukunft halb verschleierte, neue Bahnen. Man will Licht! Diese Selbstbesinnung der Philosophie ist keine Unthätigkeit: der Draussenstehende freilich vermag nur zu empfangen den Eindruck unsicher tastender Versuche bei Erschöpfung philosophischer Productivität; der Eingeweihte aber erkennt aus den eingehenden Forschungen im Gebiete der Geschichte der Philosophie, aus dem lebhaften Interesse an psychologischen und erkenntnisstheoretischen Problemen, vor Allem aber aus dem allgemeinen, eifrigen Studium der kritischen Werke eines Locke, Hume und Kant: dass hier nicht weniger gesucht wird, als eine Grundlegung der Philosophie als allgemein verbindlicher Wissenschaft. Bedeutungsvoll ist dabei der wie ein rother Faden sich überall durchziehende Drang nach Einheit, nach einer monistischen Weltansicht; bedeutungsvoll ist die allseitige Theilnahme für die moderne Naturwissenschaft, bei Abneigung gegen alle, sich für „Metaphysik" ausgebenden, träumerischen Phantasmen.

Man sollte meinen, dass von einem derartig vorbereiteten Boden gute Frucht zu erwarten sei, **erfolgreiches Forschen nach Wahrheit**; und dennoch begegnen uns, zumal bei einzelnen Naturforschern, Ansichten über das Schicksal, das der Philosophie bevorstehe, — die in Erstaunen setzen. Freilich muss man zugeben, dass die Philosophie bei uns Decennien lang so bedenkliche Wege eingeschlagen hat, dass eine exacte Naturwissenschaft unmöglich erbaut werden konnte; und für Diejenigen, welche, mit Kant zu reden, „eine Wissenschaft nicht nach ihrer Natur, sondern allein aus ihren zufälligen Wirkungen zu beurtheilen wissen," genügte dies, um über sie den Stab zu brechen. Aber was versteht man denn unter „Philosophie?" **Eine umfassende, wissenschaftliche Welt- und Lebensanschauung.** Wie der Geist schon im Allgemeinen von Leibnitz „Spiegel des Universums" genannt wird, so gebührt diese Bezeichnung in einem eminenten Sinne dem philosophirenden Geiste — *„philosophia simillimum mundo spectaculum,"* sagt Seneca. Das Auge, als „reines Weltauge," hoch und stolz emporgerichtet, nicht mit dem ängstlich zur Erde und ihrem Futter gebannten Blicke des Thieres, losgelöst in freier Musse von den nur zu oft in den Schlamm der Erde niederziehenden Sorgen um's tägliche Brod, strebt in seiner höchsten Efflorescenz der menschliche Geist, seiner überschüssigen, unbeschäftigten Kraft die edelste Verwendung zu geben durch Gestaltung eines objectiv wahren Bildes dieser zugleich so schönen und so räthselhaft-medusenartigen Welt, in die er sich nun so mit einem Male, zu seiner Verwunderung, versetzt findet.

Dieser philosophirende Geist ist nicht ausgestattet mit einer Anzahl geheimnissvoller Vermögen: er hat keine intellectuale Anschauung des Absoluten, kein Organ für übersinnliche und übernatürliche Wahrnehmungen oder Offenbarungen; er findet sich sogar bei seinem Eintritt in die Welt alles stofflichen Inhaltes ganz bar, den er vielmehr erst sehr langsam gewinnt mit Hülfe seiner Sinne, und verarbeitet durch die gestaltenden Kräfte der Phantasie und des Denkens. Wenn daher ein sich „Philosoph" Nennender mit einem neuen Systeme auftritt, so dürfen wir ihn nur ernstlich dringend fragen: **Woher weisst du denn das Alles?** Es muss sich dann herausstellen, ob er sein System gewonnen hat durch wissenschaftliche Erforschung der Aussen- und Innenwelt; oder durch Phantasiespiele, geleitet vielleicht durch unklare und unverstandene Gemüthsbedürfnisse; oder auch, die „Weltweisheit" in Himmelsweisheit verkehrend, aus den Religions-Statuten und -Urkunden seines Volkes; oder endlich, und dies ist ein häufiger Fall, durch eine Vermischung dieser drei Typen. Nur der auf dem erstgenannten Wege fortschreitende, oder doch nach objectiver Wahrheit wenigstens **strebende** und nur wider Wissen und Willen in die anderen Richtungen sich verirrende Denker darf auf den **ehrenvollen** Namen eines „Philosophen" Anspruch machen; — man kann im andern Falle ein trefflicher Charakter, ein genialer Geist, sogar eine culturhistorisch hochbedeutende Persönlichkeit sein, — ein **Philosoph** kann man dabei **nicht** sein. — Dennoch richtet sich der Werth eines philosophischen Gebäudes nicht **nur** nach der endgültigen Wahrheit, die es in sich trägt; sondern auch nach der Form, nach der Art der wissenschaftlichen, ja fast darf man sagen: künstlerischen Gestaltung des Ganzen, nach dem Grade der einheitlich-systematischen Vollendung. Hierbei kommt es aber sehr auf die Zeiten an: in unserm Jahrhunderte, wo Erkenntniss und Wissen selbst in so breite Massen des Volkes gedrungen sind, können keine Verzeihung mehr finden die märchenhaften Phantasieen moderner Neu-Platoniker.

Beim ersten Auftreten der Wissenschaft unter den Griechen, wo Jeder in sich selbst fast alle Erkenntniss erst zu produciren hatte, oder doch leicht sammeln konnte das von Andern schon Vorgearbeitete, fand der edle Trieb, harmonisch zu formen ein Bild dieser unsrer Welt, eine verhältnissmässig leichte Befriedigung. Der Philosoph vereinigte in sich alles Wissen seiner Zeit, das er ergänzte und ästhetisch abrundete durch poetische Phantasieen. Bei fortschreitender Entwicklung der Menschheit wuchs stetig an die Summe von Erkenntniss, welche sogar mehr und mehr auch gefordert wurde durch die „Noth des Lebens;" immer schwieriger ward daher nicht nur ihr Zusammenfassen in Einem Geiste, sondern auch ihre einhellige Bewältigung: — Philosophie muss aber immer Wissenschaft sein, die in Einem Kopfe Platz hat, und die zugleich „aus Einem Stücke" ist; — Penelope ward immer unnahbarer ihren Freiern, zumal da unter diesen bald die idealischen Genien der Hellenen vom Schauplatz abtraten. In unserm Jahrhunderte nun vollends, wo die wissenschaftliche Schatzkammer von einem so üppigen Reichthum an Einzelerkenntnissen angefüllt ist, dass selbst Aladin's Wunderlampe nur einen kleinen Theil auf einmal würde zu beleuchten vermögen, — heute ist es fast kein Wunder, wenn Viele verzweifeln an der Möglichkeit einer Philosophie in dem dargestellten Begriffe! — Aber sollten wir wirklich durch alle Fortschritte der Wissenschaft nur dahin gebracht sein, aufgeben zu müssen ihr letztes und edelstes Ziel, die Gewinnung eines adäquaten und in sich harmonischen Abbildes unsrer Welt?! — Philosophie kann auch nicht mit einem Male ändern wollen ihren ganzen Charakter und einschrumpfen in Logik und Erkenntnisstheorie — das wäre Selbstvernichtung. Sie kann sich eben so wenig verwandeln in Encyklopädie, wie die Positivisten wollen: — und doch liegt in deren Ansicht ein Kern von Wahrheit, indem auch Philosophie heutzutage nur hervorgehen darf aus strengem Wissen. Aber jene geben wohl eine farbig glühende Fülle von Geistesstrahlen:

doch fehlt die sammelnde Linse zur Gewinnung der Focal-Wissenschaft Philosophie. Philosophie ist auch nicht „Weltanschauung" schlechthin, sondern Anschauung unserer Welt, m. a. W. Welt- und Lebensanschauung; denn der Mensch bleibt sich und soll sich bleiben immer am Bedeutsamsten; daher man den zweiten, gleichwerthigen Factor nicht so in den Hintergrund drängen darf, wie ausser den Positivisten auch z. B. der berühmte Haeckel; — während David Hume nach der entgegengesetzten Richtung zu weit geht, indem er in den Anfangsworten seines Hauptwerks die Philosophie erklärt für die „Wissenschaft der menschlichen Natur." — Philosophie als den edelsten und feinsten Auszug, die wahre Quintessenz aller Wissenschaften, in ihrem vollen Begriffe, als allgemein verbindliche Wissenschaft zu realisiren, müssten auf Akademieen die hervorragendsten, philosophisch befähigten Vertreter der Einzelwissenschaften zusammentreten und feststellen die philosophisch bedeutsamsten Resultate aller ihrer Forschungen, und diese Summe dann vorlegen zur einheitlich-systematischen Durchdenkung einem allseitig gebildeten, wirklichen Philosophen. Allerdings würde diesem noch immer nicht wenig aus eigenen Mitteln zu schaffen bleiben; aber er wäre doch nicht mehr gezwungen, einen grossen Theil seiner Kraft zu verausgaben bei Herbeischaffung, ja selbst Brechung seiner Bauquadern von oft recht entlegenen Schachten. — Soll man dies nicht wünschen, wenn Einem, wie Kant sagt, „Philosophie am Herzen liegt?"

Unpraktisch soll die Philosophie sein. Ganz gewiss! — und man kann nichts Traurigeres sehen, als wenn selbst sog. Gelehrte (jenseits und diesseits des Canals) sich mit der Phrase gefallen: die Wissenschaft solle praktisch werden. Man hat es dem Arthur Schopenhauer sehr übel genommen, dass er behauptete: der Intellect sei, wie bei allen Thieren, so auch beim Menschen eigentlich zum Futtersuchen bestimmt; auf naive Weise verräth es sich aber oft genug, dass dies sogar die herrschende Ansicht ist. Denn nicht nur wundert sich die grosse Menge über die, Fichtisch zu reden, „widernatürliche Gemüthsstimmung," wie wirklich Einer für und in der Wissenschaft allein leben kann, und scheint dem Lamettrie Recht zu geben, welcher ganz ernstlich meint: „*c'est peut-être par une espèce d'abus de nos facultés organiques, que nous sommes devenus savans;*" — sondern man muss auch von, Vertreter der Wissenschaft sein wollenden, Männern den „praktischen Nutzen" derselben als das Höchste preisen hören. Ihrem Wesen nach aber ist die Wissenschaft und soll sein völlig so unpraktisch wie die Kunst — brodlose Kunst! „Alle wahre Wissenschaft," sagt Alexander v. Humboldt, „strebt nach dem Golde der Wahrheit; das andre Gold findet sie nebenbei." Durch Wissenschaft und durch Kunst gelangt der Mensch zur höchsten Intensität und ebendamit zum höchsten und edelsten Genuss seines Bewusstseins, d. i. seines Daseins; jene wird herabgewürdigt, wenn sie zum Mittel für niedere Zwecke gemacht wird: und Alles ausser ihr steht tiefer! Was wohl auf jenem „utilitaristischen" Standpuncte eine Wissenschaft wie Astronomie soll, oder die Wissenschaft der Sprache, — von Philosophie nun vollends zu schweigen? Wozu die Kunst? Kann man — man vergönne eine Aristophanische Wendung — kann man sie essen? kann man sich mit ihr begatten? Also hängt Wissenschaft und Kunst, ihr Nützlichkeitsfanatiker!

Nicht für unangemessen hielt ich diese Erörterungen, gegenüber einer Anzahl von wissenschaftlichen Männern, die in Herostratischer Verblendung vernichten möchten das Pantheon der Wissenschaften, Philosophie. Möchten die Edeln unter ihnen zur Besinnung kommen, dass dasselbe Feuer, das „*primum mobile*" für alle wahre Wissenschaft, seine ἀκμή erreicht in dem Geiste eines wahren Philosophen! — Indessen scheint diese Krisis jetzt schon so ziemlich vorüber zu sein: man beginnt allgemein zu erkennen, dass man sich beiderseits des besten Freundes beraubt hat; und wenn man auch wohl noch ein wenig schmollt, so ist doch vorauszusehen, dass bald die „entzweiten Geliebten," Naturwissenschaft und Philosophie, mit erneuter Liebe sich an's Herz fallen werden. „Gewiss, die sogenannte Naturphilosophie," sagt Strauss, „hat anstatt der Juno die Wolke umarmt und darum keine Frucht gebracht; aber die Darwin'sche Theorie ist der, wenn auch vorerst nur heimlichen, Ehe zwischen Naturforschung und Philosophie erstes Kind."

Was nun aber Haeckel's Ansicht anbetrifft, dass alle Philosophie Naturphilosophie sei, wonach er sodann (Generelle Morphologie, II, 445) eine Tafel und Rangordnung der Wissenschaften entwirft (in welcher „alle Wissenschaften, welche speciell menschliche Verhältnisse betreffen, insbesondere auch die historischen, philologischen, statistischen Wissenschaften" als „Theile der Zoologie" aufgeführt werden), so kann man sich damit nicht gut einverstanden erklären: dergleichen mag vor Gott so sein, würde Lichtenberg sagen, aber für unsern Nervenknaul ist es nicht also. —

In allem Gesagten liegt die Rechtfertigung der Wahl des Gegenstandes dieser Schrift; ob der Verfasser ein dazu berufener ist, muss sich durch diese selbst ausweisen.

Ehe ich diese Vorbemerkungen schliesse, will ich noch erwähnen, dass ich von früheren unsern Gegenstand betreffenden Schriften die von Braubach, Carneri, Jäger und Lang kennen gelernt habe, von denen mich aber nur Lang's verdienstvolles und viel zu wenig bekanntes Werkchen: „Religion im Zeitalter Darwin's," hat fördern können. (In letzterem habe ich nur das starke Polemisiren gegen David Strauss bedauert: zu einer Zeit, wo man so schonungslos einen ausgezeichneten Mann angegriffen hat, muss man gerade seine Ehre darein setzen, ihn zu vertheidigen, — auch wenn man nicht auf seinem Standpuncte steht.)

Das vorliegende Schriftchen nun selbst ist nur ein Auszug aus einer grösseren Arbeit; und wenn es auch als solcher hoffentlich den Vorzug grösseren specifischen Gewichtes hat, so wird sich doch vielleicht hier und da jener Ursprung störend bemerkbar machen, weswegen ich an die Nachsicht des wohlwollenden Lesers appelliren muss.

Einleitung.

„Eine grossartige physische Weltanschauung bedarf nicht bloss der reichen Fülle der Beobachtungen, als Substrats der Verallgemeinerungen der Ideen; sie bedarf auch der vorbereitenden Kräftigung der Gemüther, um in den ewigen Kämpfen zwischen Wissen und Glauben nicht vor den drohenden Gestalten zurückzuschrecken, die, bis in die neuere Zeit, an den Eingängen zu gewissen Regionen der Erfahrungswissenschaft auftreten, und diese Eingänge zu versperren trachten." Mit diesen Worten unsers unvergleichlichen Humboldt (Kosmos, II, 281) sei es mir gestattet, einzuleiten unsre Betrachtung über die philosophischen Consequenzen der gewaltigen Theorie, welche das „Geheimniss der Geheimnisse" entschleiert hat durch den Nachweis: dass alles Lebendige sich auf gesetzmässig continuirlichem Wege aus einfachsten Keimen entwickelt hat. Nicht einzelnen Namen darf man das Verdienst dieser Entdeckung zueignen; denn es mögen, wie Kant sagt, „wenige sein selbst von den scharfsinnigsten Naturforschern, denen es nicht bisweilen durch den Kopf gegangen wäre. (Kr. d. U. §. 80. vgl. Anthr. II. E.)." Schon unter den ältesten hellenischen Physikern, zumal bei Empedokles, begegnen uns Spuren dieser „Wissenschaft für Götter," wie Forster sie nennt; und von diesem s. z. s. autogenetischen, ersten Erscheinen an zieht sich eine Art „Vererbung" oder Metempsychose dieser Lehre, die zuweilen selbst an „Atavismus" erinnert, durch die Jahrhunderte: Charles Darwin aber, dem „Newton des Grashalms," gebührt der Ruhm, eine noch vielfach angefochtene Hypothese durch neue, überzeugende Beweisgründe und imponirendes Fachwissen zum Range einer — immer allgemeiner anerkannten — wissenschaftlichen Theorie erhoben zu haben.

„Freue dich, höchstes Geschöpf der Natur, du fühlest dich fähig, Ihr den höchsten Gedanken, zu dem sie schaffend sich aufschwang, Nachzudenken." (Göthe.)

Aber allerdings steht gerade dieser Theorie eine „wahrhaft alpenhohe Gebirgskette von Vorurtheilen" entgegen, derjenigen ähnlich, die einst dem Copernicanischen Weltsysteme so lange die allgemeine Zustimmung versperrte. Doch der Zeiger der Weltuhr lässt sich nicht zurückstellen; — und wie sich Bree (*Fallacies in the Hypothesis of Mr. Darwin*, p. 257) sehr liebenswürdig ausdrückt: die Darwin'sche Ketzerei, „*the Darwinian heresy*," der, wie Jener selbst gestehen muss, „Männer der höchsten wissenschaftlichen Begabung" angehören, und der, noch im späten Alter, also fern von aller jugendlichen Uebereilung, der berühmte Geologe Lyell sich angeschlossen hat, sowie der ausgezeichnete Botaniker Hooker, — diese Ketzerei lässt sich weder durch päpstliches Fluchen, noch durch den schwächlichen Witz der Adepten des s. g. (bezüglich „sich selbst, oft *per antiphrasin*, so nennenden" — Kantisch zu reden) gesunden Menschenverstandes ausrotten. Mögen die frommen Herren doch bei ihrer Depravationstheorie bleiben, welche die Nachkommen des aus einem Erdenklos „nach dem Ebenbilde Gottes" geschaffenen Adam als durch den Fluch der Erbsünde in stetiger Verschlechterung begriffen darstellt; sodass wohl noch, mit Shakespeare zu reden, die Menschenbrut sich einst in Aff und Pavian hineinrecken wird: mögen sie aber auch uns unsere tröstliche Ansicht gestatten, dass wir das Product einer zu beständiger Veredlung führenden Entwicklung sind. Es giebt nichts Unwürdigeres, als sich ehren zu lassen nicht seiner selbst wegen, sondern wegen des Ruhmes der Vorfahren, erklärt der göttliche Plato; *„intuendum est non unde veniant, sed quo eant,"* Seneca.

Die erbittertsten Gegner unser Theorie pflegen von dem überreichen Beweismaterial derselben kaum ein Bruchstück zu kennen, *„damnant quae non intelligunt,"* mit Quintilian zu reden: — da aber Jeder einmal einen „Affen" gesehen hat, so glaubt Jeder mitreden zu dürfen. Sobald sie nur eines der vielen Specialwerke studirt haben, beruhigen sie sich meist, um schliesslich in unser Lager zu eilen!

Der **Cardinalpunct** für unsere Theorie ist aber die sich unabweisbar aufdrängende Ueberzeugung, dass dieselbe **die einzige jetzt und jemals überhaupt mögliche wissenschaftliche Erklärung** giebt für die nunmehr fest und sicher, „wie die Berge Gottes," dastehende **Thatsache**: dass zu verschiedenen Zeiten verschiedene Organismengeschlechter einander abgelöst haben, und der Mensch (der uns doch zumeist interessirt) ein sehr spät gebornes Erdenkind ist. „**Diese Hypothese oder keine!**" Aber ein so geringes speculatives Bedürfniss zu haben, eben freiwillig auf eine Hypothese zu verzichten, dies konnte wohl einst zu entschuldigen sein, wo man **die ganze Schöpfung an den „Anfang Himmels und der Erden"** verschob und sich im Uebrigen auf Genesis I berief: heutzutage, wo uns eine beständige Schöpfung nachgewiesen ist, müsste eine solche Resignation sehr irre machen an dem allgemeinen wissenschaftlichen Interesse! *„Veniet tempus, quo posteri tam aperta nos nesciisse mirentur."* (Seneca.)

Da nun unsre Theorie ein Factor ist, mit dem man — und vor Allem in der Philosophie! — über kurz oder lang wird rechnen müssen, und da von Gegnern wie Vertheidigern auf Grund derselben eine „vollständige Umwälzung in der Weltanschauung der Menschheit" in Aussicht gestellt ist, Bree sogar eine „Geistesrevolution" prophezeit hat, „welche die Gesellschaft bis in ihre Grundfesten erschüttern wird, indem sie die Heiligkeit des Gewissens und den religiösen Sinn vernichtet": so darf dieser Versuch, die nächsten philosophischen Consequenzen derselben, mit kritischer Vorsicht, in möglichster Kürze, festzustellen, auf Theilnahme hoffen. —

Ich habe nun die Bedeutung der Evolutionstheorie in fünf Richtungen zu verfolgen gesucht: in Bezug auf I) Psychologie, II) Erkenntnisstheorie, III) Moral, IV) Religion, V) Werthschätzung der Zukunft der Menschheit.

I. Psychologie.

A. Der Materialismus gehört durchaus nicht zu den Consequenzen der Evolutionstheorie. Diese, so wie sie durch Darwin formulirt ist [vgl. besonders die Stelle in seinem Hauptwerk, S. 234 in Bronn's Uebersetzung], lehrt nur eine Entwicklung aller Organismen aus einfachsten lebendigen Keimen oder Zellen. Die von Thomson und noch etwas früher von dem berühmten Helmholtz*) aufgestellte Theorie von der Verbreitung dieser letzteren von einem Gestirn zum andern durch Meteorsteine empfiehlt sich weit mehr, als die Theorie der *generatio aequivoca*: denn es handelt sich hier nicht nur um die Genesis von Zellen, sondern von empfindenden Wesen! Wir müssen vielmehr annehmen, dass animales Leben von Ewigkeit her besteht, wie die Materie. Wenn wir aber, mit Haeckel, ein Hervorgehen des organischen aus dem anorganischen Reiche annehmen wollten, so würden wir eben genöthigt sein, demgemäss unsere Vorstellungen von der „Materie" von Grund aus umzugestalten: und auch in diesem Falle würden wir nicht zum eigentlichen Materialismus geführt. Denn das kritisch-bescheidene Geständniss eines Kant, dass unsrer Seele dasjenige,

---

*) Vgl. Thomson und Tait, Handbuch der theoret. Physik. Uebs. v. Helmholtz und Wertheim, 1874. I, 2. pag. XI sqq.

„was der Erscheinung der Materie, als Ding an sich, zum Grunde liegt, vielleicht so ungleichartig nicht sein dürfte" (Kr. d. r. V. 2. Aufl. Beschl. d. Aufl. d. psychol. Paral.), — dass das transscendentale Object, dessen Erscheinung wir Materie nennen, „doch auch zugleich das Subject der Gedanken sein könnte" (das. 1. Aufl. Kr. d. 2. Paral. d. transsc. Ps.), — diese von Spinoza und von Locke vorbereitete und später ausser Kant z. B. von Goethe und Lichtenberg vertretene Ansicht kann man vielleicht als kritischen Monismus bezeichnen, nicht aber als Materialismus. Materialismus nenne ich nur die Anschauungsweise, welche hervorgehen lässt aus den physikalischen Kräften des, unter dem Namen „Materie" vielen Naturforschern ungemein vertrauten, Wesens, d. h. „aus Druck und Stoss, die Fülle des Geistigen als eine leichte Zugabe," wie Lotze treffend sich ausdrückt, — als „*quintessence of dust*", wie Hamlet (II, 2) sagt.

Wie dem Lichtenberg, so erscheint es auch mir sehr wahrscheinlich, „dass es eine Menge von Erscheinungen in der Natur giebt, die von Dingen abhängen, die nicht Gegenstände unserer Sinne sind." Was für seltsame Hypothesen würden wir aufstellen über die Natur der Dinge, wenn es dem Schöpfer gefallen hätte, „ein paar Löcher weniger in unsern Kopf zu stossen;" — wie nun, wenn wir deren mehr erhalten hätten?*)

---

*) Bei dem so beschränkten Raume muss ich es mir versagen, noch weiter auf diesen Gegenstand einzugehen, und nur kurz kann ich ergänzend verweisen auf die besten Schriften, die ich über diesen Gegenstand gelesen habe: Du Bois-Reymond, Grenzen des Naturerkennens. Harms, Abh. z. systemat. Philosophie, S. 266. Lange, Gesch. d. Materialismus II, 2, 1. Lotze, Mikrokosmus, I. Virchow, Ges. Abh. z. wissensch. Medicin, S. 18 — welche Werke ich angelegentlichst an's Herz legen möchte unsern Materialisten, die, mit Jean Paul zu reden, gerade am rechten Orte, beim Suchen, bei der Petition des Principe die *petitio principii* anwenden und mit logischen Cirkeln den Zauberkreis der Schöpfung zu durchbrechen vermeinen.

B. Wir wenden uns nun einer wirklichen Consequenz der Entwicklungslehre für die Psychologie zu. — Obgleich Aristoteles, Locke, Leibnitz, Hume, Schopenhauer grosse Theilnahme hatten für das Seelenleben der Thiere, so interessirte sich doch die Mehrzahl der Philosophen bisher nicht sonderlich für die „Psychologie der Bestien." Ich glaube, dass dies anders werden wird, sobald erst die meisten Philosophen für die Entwicklungslehre gewonnen sind, da die Dignität der Thierpsychologie durch diese in hohem Grade gesteigert wird. Die Beobachtung der Thiere unterscheidet sich von der des Menschen (und zwar, in wissenschaftlicher Hinsicht, sehr vortheilhaft) dadurch, dass sie weitaus mehr **objectiv**, dass sie (wie man sich nicht ganz glücklich ausdrückt) **interesselos** ist: und einem (womöglich von Kindheit auf) an diese reine, hingebende, vorurtheilsfreie Forschung gewöhnten Auge erspriessen hieraus bei der **wissenschaftlichen** Beobachtung des Menschen die werthvollsten Früchte: da man **Naivetät**, kindlich reine, durch kein Idol getrübte, Hingabe an die ojective Welt gelernt hat, und nur so, mit Bacon zu reden, das Himmelreich der Wissenschaft sich gewinnen lässt, — auch in der Betrachtung des Menschen.

Dieselben psychologischen Gesetze finden wir wirkend in der ganzen (aufsteigend sich immer höher potenzirenden und differentiirenden) Reihe animalen Lebens, von der dumpfen Empfindungsspur des Zoophyten, dem „dumpfen, nichts in sich unterscheidenden Weben seines Fühlens," bis zum Gipfel dieser Entwicklungsstufen, dem Genius eines Kant und Goethe. Allzu fremd stellt der Mensch sich gegenüber die ganze „Reihe der Lebendigen", die er „Thiere" nennt, als die Einheit des Nicht-Wir. — Aehnlichen Erscheinungen und ähnlichen Problemen, wie sie uns auch bei dem Menschen beschäftigen, begegnen uns hier überall wieder, aber ungleich einfacher, und daher durchsichtiger und leichter lösbar. Wir erkennen den **geistigen** Organismus der Thiere, das ganze System ihrer Gefühle und Begehrungen, als zu ihrer Erhaltung und Förderung im Naturhaushalt und Leben der Gattung **zweckmässig** beschaffen, und werden gezwungen, ihre Affecte als **nothwendige Eigenschaften** bewusster Wesen zu betrachten. Die Affecte (diesen Begriff im weitesten Sinne gefasst), die wir mit solcher, oft selbst von uns mit mathematischer Gewissheit zu berechnenden, **naturgesetzlichen Consequenz** antreffen in der **ganzen** Reihe fühlender Wesen, einschliesslich des Menschen, sind doch nicht etwas Zufälliges, oder gar etwas, das (wie Hass, Rache u. s. w.) eigentlich **nicht** sein sollte! sondern es sind die zur Erhaltung des animalen Wesens unbedingt erforderlichen, gesetzmässigen **Reactionen des triebförmigen Kernes alles Lebendigen.***)

Unmittelbar erhellt hieraus die hohe Bedeutung der Evolutionstheorie (in materialer wie auch schon rein formaler Hinsicht) für das Gebiet der Psychologie; das leicht eine wesentliche Bereicherung erfahren könnte durch eine in diesem Geiste ausgearbeitete „**Kritik des reinen Gefühls**," welche, wie die „Krik der reinen Vernunft" die Relationen zwischen dem **vorstellenden** Subject und dem Dinge an sich, zu untersuchen haben würde die Beziehungen zwischen den **fühlenden** Subjecten unter einander, zu den Dingen und zu dem Princip des Systems der Dinge.

---

*) Soweit muss ich der Lehre Arthur Schopenhauer's vom Willen beipflichten, die sich aber schon innerhalb dieser allein berechtigten Grenzen, bei Spinoza (in seiner Ethik) findet: „*Appetitus nihil aliud est, quam ipsa hominis essentia.*"

II. Erkenntnisstheorie.

Schiller rief einst den „Naturforschern" und Transscendentalphilosophen" das Wort zu:
„Feindschaft sei zwischen euch! Noch kommt das Bündniss zu frühe;
Wenn ihr im Suchen euch trennt, wird erst die Wahrheit erkannt."

Dieser Feindschaft scheint, wenigstens was die Erkenntnisstheorie anbetrifft, durch die Evolutionstheorie ein Ziel gesetzt zu sein. In der Kritik der reinen Vernunft (Elementarlehre §. 27) hatte Kant selbst als den dritten möglichen Weg, „auf welchem eine nothwendige Uebereinstimmung der Erfahrung mit den Begriffen von ihren Gegenständen gedacht werden kann," einen „Mittelweg" erwähnt, „eine Art von Präformationssystem der reinen Vernunft," nach welchem die Begriffe „weder selbst gedachte erste Principien *a priori* unserer Erkenntniss, noch aus der Erfahrung geschöpft, sondern subjective, uns mit unserer Existenz zugleich eingepflanzte Anlagen zum Denken wären, die von unserm Urheber so eingerichtet worden, dass ihr Gebrauch mit den Gesetzen der Natur, an welchen die Erfahrung fortläuft, genau stimmt." In der That sollte man meinen, dass auf jedem nicht-atheistischen Standpuncte diese Annahme sogar die natürlichste und wahrscheinlichste sein müsste, weshalb wir schon Cartesius hierauf recurriren sehen, und von Spinoza den Ausspruch haben: „*si Deus aliam fecisset rerum naturam, etiam nobis aliam debuisset dare intellectum;*" Kant aber verwirft jene Theorie sofort aus wenigen, mir nicht stichhaltig scheinenden, Gründen.

Herbert Spencer (*Principles of Psychology*, I, p. 467 sqq.) hat in England, Du Bois-Reymond (Leibnitzische Gedanken, S. 34 f.) in Deutschland das Verdienst, die Entwicklungslehre „zur Versöhnung der empiristisch-sensualistischen und der transscendentalistischen Lehre von Kant und Locke zuerst benutzt zu haben. — Da seit zahllosen Generationen von allen Organismen in allen Momenten ihres wachen Lebens gewisse äussere, absolut constante und absolut universelle Relationen erfahren werden; so werden sich dem entsprechende innere Beziehungen von absoluter Nothwendigkeit befestigen müssen, so die „Formen der Anschauung," Raum und Zeit. — Angeboren sind daher schliesslich, wie gewisse Nervenverbindungen im Cerebralsystem, so gewisse Beziehungsformen und Gesetze des Denkens, den Gesetzen der Aussenwelt entsprechend: — die zwar der individuellen Erfahrung vorausgehen, aber in der Erfahrung der zahllosen früheren Geschlechter, seit es überhaupt animales Leben auf Erden giebt, ihren Ursprung haben. So kann z. B. die Geometrie, mit einer Anzahl jetziger Mathematiker, als Naturwissenschaft betrachtet werden und zugleich als apriorische Wissenschaft; indem sich zeigt, dass jene von Kant vorausgesetzte geistige Parthenogenesis („die Selbstgebärung unsres Verstandes, ohne durch Erfahrung geschwängert zu sein") nur Früchte zeitigt, deren Keime aus unermesslich ferner Vergangenheit stammen.

Man denke nicht, dass diese Consequenz der grossen Lehre unseres Jahrhunderts nur geringe Wichtigkeit hat: sie gewährleistet nicht weniger, als den ganzen, strengen Begriff der Wahrheit, des Zieles aller Wissenschaft; welcher durch Kant's Idealismus (dem wir beipflichten müssten, wenn wir nicht dieses „Präformationssystem" hätten) mehr als blos gefährdet war. Kein Wunder war es daher, wenn sich mit dem letzteren die Naturwissenschaft nie recht befreunden konnte! (Vgl. Harms, Encykl. d. Physik, I, 283.) Erinnern wir uns daran, dass für Kant selbst mit seiner kritischen Periode die Naturwissenschaft offenbar an Würde (und daher auch an Interesse) verloren hat; weshalb er eine neue Auflage seines unsterblichen astronomischen Werkes kaum gestatten und nicht selbst herausgeben wollte: denn er hätte ja nun, auf einem Gestirne eines andern Astralsystems, ein menschlich organisirtes Subject annehmen müssen, bewaffnet mit einem Colossal-Teleskopen als Beschauer der Genesis unseres Sonnensystems; da das Alles nach ihm nur Erscheinung, nur Vorstellung im Subject sein soll, keine letzte Wirklichkeit. — Daher auch seine spätere kategorische Abweisung des einzigen und durch eine universelle Induction bis zur Ueberzeugung zu führenden Beweises eines göttlichen Princips, des physiko-theologischen Arguments; denn sein moralisches Argument möchte von einem strengen, wissenschaftlichen Denken doch als zu leicht befunden werden.

III. Moral.

A. Die Lehre von dem Kampfe um's Dasein, hat man gesagt, gerathe gewaltig mit der Moral in Conflict: aus dem „universellen Faustrecht, dem Kampfe *per fas et nefas,*" der durch die „Selectionstheorie" zum Princip gemacht werde, aus diesem „Streite feindlicher Mächte in dem grossen Concurrenz-Institut der Natur" gehe nicht das Bessere hervor, sondern die „*bestia trionfante;*" „das Verworfenste" sei von der Menschheit zu gewärtigen, sobald erst „das raffinirte Bewusstsein dieses Kampfes" um sich greife! — Aber was will man denn? Die mit dem Namen „Kampf um's Dasein" bezeichnete Erscheinung ist doch keine blosse Hypothese, sondern Thatsache! „Dass ein Process solcher Art in der organischen Welt vor sich gehe," ist doch, nachdem einmal darauf aufmerksam gemacht ist, „so evident, dass es kaum eines Beweises bedarf," wie Spencer treffend bemerkt; und schon Horaz hat (Sat. lib. I. 3. v. 99—106) denselben in schwungvollen Versen besungen. Man hält sich eben auch hier an Worte und zieht aus diesen Consequenzen; und man missversteht oft geflissentlich den von Darwin halbpoetisch gefassten Ausdruck „*Struggle for Life:*" als ob der s. g. Kampf um's Dasein im ganzen Reiche der Pflanzen nicht ein durchaus stiller und friedlicher ist! — als ob in dieser „Selbstreinigung der Gattung" nicht gerade die positiven Kräfte des menschlichen Wesens Factoren wären, und nicht „universelles Faustrecht!" — Schon Anakreon hat (Ode II) die bedeutsamste „Waffe" des Menschen gepriesen: nicht Hörner, Hufe, Zähne gab die Natur den Menschen: τοῖς δ'ἀνδράσιν φρόνημα — Einsicht, Weisheit! —

B. Ueber diesen Gegenstand konnten wir uns kurz fassen; eben so wenig werden wir uns bei den ganz unbegründeten Befürchtungen: die Entwicklungslehre bringe durch die Annahme eines thierischen Ursprungs des Menschen die Grundsätze der Sittlichkeit in Gefahr, aufzuhalten haben; denn bekannt genug ist der unglaublich tiefe Sittlichkeitszustand barbarischer Stämme, von welchen erwiesenermaassen die civilisirten Nationen abstammen — ganz abgesehen von unsrer Theorie.

Wenn man über das psychische Leben des Thieres ein Urtheil fällen will, muss man seinen Cursus der Philosophie mitten unter den Thieren durchgemacht haben, sagt mit Recht der vortreffliche Leroy (Lettres phil. s. l'intell. des an.). „Das Thier hat auch Vernunft*)! das wissen wir, die wir die Gemsen jagen!" sagt Werni in Schiller's Tell. „*Anticipationes mentis*" anstatt „*inter-*

---
*) Ich hätte gern „Verstand" gesagt, wenn man an Schiller's Worten etwas ändern dürfte.

pretationes naturae," Baconisch zu reden, lehren uns die Thiere nicht kennen: nur eingehende Beobachtung, und zwar unbefangene, nicht, „wie eine Gefangene mit verrenkten Gliedern" um gewisse Lieblingsvorurtheile herumgezerrte und schliesslich in ein Prokrustesbett gezwängte Beobachtung. Freilich, *„quasi in museo suo sepultus,"* anstatt, unmittelbar schauend und forschend, mitten im Tempel der Natur zu stehen, „da Gott den Menschen schuf hinein," fern von den lebensfreudigen Geschöpfen, deren Natur man ergründen wollte, konnte man nichts anderes, als seelenlose Automaten erblicken in den Thieren, — die man gar nicht kannte, traurige, zum Verwechseln ihren Originalen ähnliche, Abbilder — jener ausgestopften Drahtthiere, schön in Reih und Glied aufgestellt in den Museen. — Und wer nicht selbst in der Lage ist, die Thiere zu beobachten, dem kann nicht angelegentlich genug empfohlen werden das Studium der (bekanntlich auch durch ästhetische Vollendung der Darstellung) ausgezeichneten Werke des berühmten Naturforschers und Afrika-Reisenden Alfred Brehm.

C. Die moralischen Consequenzen der „neuen Wahrheit," dass der Mensch die Wurzeln seines Stammbaumes in der Thierwelt zu suchen hat, liegen in einer ganz anderen Richtung: die Evolutionstheorie wird die moralischen Anforderungen steigern, indem sie die Humanität über die Grenzen der Thierwelt ausdehnt bis auf Wohl und Wehe „unserer Brüder im stillen Busch, in Luft und Wasser." (Vgl. Darwin, Desc. of Man, I, 101.) — Der in dieser Hinsicht von den indischen Studien in seiner Weltansicht sehr geförderte Schopenhauer hat leider Recht, indem er sagt (WW. IV. II. S. 241): „Dass die Moral des Christenthums die Thiere nicht berücksichtigt, ist ein Mangel derselben, den es besser ist, einzugestehen, als zu perpetuiren." Jenes „Abwenden von der ‚sündigen,' von den ‚Heiden' vergötterten Natur" (— von den Christen entgötterten und entadelten Natur), welches das ältere Christenthum charakterisirt, jenes Plotinische Sichschämen, überhaupt noch einen Leib zu haben (vgl. Zeller, Phil. d. Griechen, III. 2. S. 416. 5.), führte zu vielen Einseitigkeiten in der Natur- und Weltanschauung (soweit eine solche überhaupt noch vorhanden war), von denen wir uns kaum befreit haben. Recht verstanden, gilt auch von der Natur jenes Heraklitische: „Auch hier sind Götter!" — Ein Seume betete mit dem Anruf: „Du Gott des Seraphs und Du Gott des Wurms!" und:

„Grosser Brama, Herr der Mächte,
Alles ist von Deinem Saamen,
Und so bist Du der Gerechte!
Hast Du denn allein die Bramen,
Nur die Raja's und die Reichen,
Hast Du sie allein geschaffen?
Oder bist Du's auch, der Affen
Werden liess und Unsersgleichen?"

betet Göthe's Paria!

Was wohl die Bewohner des Orion sagen würden zu einer Moral, die an sich nichts darin findet, den Thieren die grässlichsten Schmerzen zwecklos zuzufügen, und dies nur deshalb unterlässt, da es „der Pflicht des Menschen gegen sich selbst entgegengesetzt ist, weil dadurch das Mitgefühl am Leiden im Menschen abgestumpft und folglich eine der Moralität im Verhältnisse zu anderen Menschen sehr diensame Anlage geschwächt und ausgetilgt wird!" Die Ethik, die dies lehrt, ist aber keine geringere, als die des grossen Kant (Metaph. d. Sitten, II. Th. §. 17), der schon Schopenhauer (der sich gern „seinen Schüler" nennt) mit Entschiedenheit entgegentreten musste. Wenn dieser Kantische Paragraph noch in der „Rechtslehre" stünde, anstatt in der „Tugendlehre," so würde er weniger anstössig sein;

aber sogar unser deutsches Strafgesetzbuch (§. 360. 13) scheint nach seinem Wortlaute nicht nur durch jene Gründe zweiter Hand bestimmt zu sein. Verkennen wir nicht „das der **schmerzlichsten Empfindung fähige, ewige Wesen**, welches in Allem, was Leben hat, da ist und aus allen Augen, die das Sonnenlicht sehen, mit unergründlicher Bedeutsamkeit hervorleuchtet!" — Dem unbefangenen Menschen ist diese **Auffassungsweise** auch die einzig natürliche, wie ein allbekanntes Sprüchwort beweist; und wenn eine gute Mutter ihr Kind ein Thier misshandeln sieht, dann wird sie sicherlich sagen: „Quäle doch das arme Thier nicht, **es thut ihm ja weh!**" Und auch unser Gewissen straft uns, wenn wir ein Thier gequält haben; Schopenhauer redet sogar (aus eigener Erfahrung, wie ich nicht zweifle) von dem „herzzerreissenden Schmerz", welchen derjenige empfindet, „welcher zufällig ein geliebtes Thier tödtlich verletzt hat und nun seinen Scheideblick empfängt."

„Als ich einmal eine Spinne erschlagen,
Dacht' ich, ob ich das wohl gesollt:
Hat Gott ihr doch wie mir gewollt
Einen Antheil an diesen Tagen."
Goethe. (W. O. Divan.)

D. Die gesammte Evolutionstheorie, in sich begreifend die Kant-Laplace'sche, die Lyell'sche und die Goethe-Lamarck-Darwin'sche Theorie, hat uns auch auf den bisher vom Schleier der täuschenden Maja am dichtesten bedeckten Gebieten der Natur nachgewiesen eine unbedingte, allbeherrschende, wandellose Gesetzmässigkeit, eine festgefügte Ordnung und einheitliche Continuität alles Geschehens, worin nichts ohne ewige Folgen ist und kein Sprung möglich. Wir begreifen die Welt als eine organische Einheit, deren höchstes uns bekannte Erzeugniss, der Mensch, in seinem Ursprunge denselben ewigen und allgemeinen

Gesetzen unterworfen ist, wie alle anderen Wesen, und nicht mit seinen Kräften ausserhalb der Natur steht, „*reluti imperium in imperio.*" Unsre Theorie erklärt uns den gesammten angeborenen **Geistes-Charakter** für eine Grundkraft, deren nähere Qualität durch die allgemeinen (freilich bis jetzt noch wenig durchforschten) **Gesetze der Vererbung** fest bestimmt ist, so dass auch hier, in diesem Auftauchen des Individuums (wie der ganzen Gattung), keine Lücke ist in der unendlichen Kette der **Causalität:** — Wir werden daher zu dem Geständniss **gezwungen:**

„Dass der Nothwendigkeit stilles Gesetz, das ewige, gleiche, Auch der menschlichen Brust freiere Wellen bewegt."
(Schiller.)

Jenes alte, vieldiscutirte Thema, das „*crux metaphysicorum:*" — die Annahme einer **Transscendental-Freiheit des Menschen ist daher bei unsrer Theorie absolut nicht** aufrecht zu erhalten. Dieser, selbst nach **Kant,** „eigentliche Stein des Anstosses für die Philosophie," „welche **unüberwindliche** Schwierigkeiten findet, dergleichen Art von unbedingter Causalität einzuräumen," ist aber selbst schon aus **ganz allgemein philosophischen Gründen** bei Seite geschoben worden von den **Stoikern,** von **Hobbes, Spinoza, Leibnitz, Hume, Lessing, Schleiermacher, Herbart,** und von **Kant, Schelling** und **Schopenhauer** nur mit Hülfe ihres transscendentalen Idealismus aufrecht erhalten worden: in Bezug auf jene Lehre vom „*liberum arbitrium indifferentiae*" oder der „*indifferentia aequilibrii*" aber sind alle jene grossen Denker — so differirend sonst in ihren Systemen! — in ihrem Verwerfungsurtheil einig. *Nomina loquuntur!*

Kant sagt (Kr. d. r. V. 3. Antin. u. Anm.): „Das Naturgesetz, dass Alles, was **geschieht,** eine **Ursache** habe, ... ist ein Verstandesgesetz, von welchem es unter keinem Vorwande erlaubt ist, abzugehen oder irgend eine Erscheinung davon auszunehmen"; und Transscendental-Freiheit kann sogar „niemals begriffen oder auch nur eingesehen werden" (Grdlg. z. Metaph. d. Sitten, 3. Abschn.); da man, wenn uns alle Daten gegeben wären, „eines Menschen Verhalten auf die Zukunft mit Gewissheit, so wie eine Mond- oder Sonnenfinsterniss, ausrechnen könnte." (Kr. d. p. V. Kr. Beleuchtg. d. Analytik.) Dennoch glaubt Kant, jenes „geistige Wunder κατ' ἐξοχήν" mit Hülfe seines kritischen Idealismus retten zu können: und in der That wäre dies noch der einzig mögliche Weg (worüber ich die Erörterungen des geistvollen Kuno Fischer, Gesch. d. neuern Philos. IV. Bd. 2. Aufl. S. 127 ff. nachzulesen bitte); aber auch dieser ist *„instabilis tellus, innabilis unda"* — er trägt schon in sich selbst den Keim des Todes, ganz abgesehen davon, dass er mit dem Idealismus steht und fällt: „Wenn der Gedanke der Freiheit sich selbst oder der Natur, die eben so nothwendig ist, widerspricht, so müsste sie gegen die Naturnothwendigkeit durchaus aufgehoben werden." (Gr. d. M. d. Sitten, III.) Diese *„fatis avolsa voluntas,"* Lucrezisch zu reden, durchaus in die Wissenschaft einführen zu wollen, erscheint mir immer als wissenschaftlicher Selbstmord, weil Negation ihres Grundprincips, der ausnahmslosen Durchführung des Satzes vom Grunde und des Gesetzes des Widerspruchs (über welches letztere ich in dieser Hinsicht Leibnitz, *Nouv. ess. Liberté §. 35,* nachzuschlagen bitte). Denn bei Annahme dieses *„déserteur de l'ordre général"* bleiben alle Handlungen ewige Räthsel, da man doch nicht so naiv sein wird, sie durch den freien Willen, einen negativen Begriff, erklären zu wollen. Es hilft auch nichts, zu behaupten, die Transscendental-Freiheit sei ihrem Begriffe nach nicht Zufälligkeit, nicht Gesetzlosigkeit. „Denn man kann nicht sagen," erklärt

Kant, „dass anstatt der Gesetze der Natur Gesetze der Freiheit in die Causalität des Weltlaufs eintreten, weil, wenn diese nach Gesetzen bestimmt wäre, sie nicht Freiheit, sondern selbst nichts anderes als Natur wäre. Natur und transscendentale Freiheit unterscheiden sich wie Gesetzmässigkeit und Gesetzlosigkeit." — „Eine Gunst ist die Nothwendigkeit" für die Wissenschaft!

Nur kurz will ich darauf aufmerksam machen, dass man durch das, was die Logiker „*quaternio terminorum*" und *μετάβασις εἰς ἄλλο γένος* nennen, am Determinismus (um einen Lessing'schen Ausdruck zu leihen) „Grillen bestreitet, die man selbst gefangen:" Schon seit vollen zwei Jahrhunderten muss man Nothwendigkeit fortwährend in Zwang travestirt sehen, muss man (leider sogar von deterministischer Seite selbst) zu seiner Verwunderung hören: der Determinismus hebe die Freiheit auf — da er doch nur jene „*liberté de caprice*," eine „völlige Unbegreiflichkeit" nach Kant, ein „ungereimtes Vermögen," nach Jacobi, abweisen muss, dagegen anerkennt physische (und politische), intellectuelle (oder juridische) und moralische Freiheit, die „praktische Freiheit" Kant's („ein Vermögen, sich unabhängig von der Nöthigung durch sinnliche Antriebe von selbst" — das würde zu interpretiren sein: durch Vernunftgründe — „zu bestimmen"). Indem man nun sehr klüglich Eine der vielen Bedeutungen von Freiheit, als ob sie die einzige wäre, schlechthin, ohne weitere Bezeichnung, „Freiheit" nannte, und wenn diese geläugnet wurde, behauptete: man hebe „die Freiheit" auf, suchte man die Affecte aufzuregen gegen die deterministische Lehre. Um das Phantom der Zufallswillkür verbreitete sich damit ein phosphorischer Schimmer, der seine verlockenden Strahlen gerade von den anderen Freiheitsbegriffen entwendete. „Die Menschen glauben," bemerkt Bacon von Verulam (*Nov. org.* 1, 59), „dass ihre Vernunft dem Worte gebiete; aber es geschieht oft, dass die Worte eine zurückwirkende Macht auf unsern Geist ausüben." Und sehr treffend erklärt unser grosser Sprachforscher Wilhelm von Humboldt (Kawisprache, p. XXVII): „So innerlich auch die Sprache durchaus ist, so hat sie dennoch zugleich ein unabhängiges, äusseres, gegen den Menschen selbst Gewalt übendes Dasein." Deshalb behauptet ja auch Hegel (W W. II, 84) geradezu, dass „das Sprechen die göttliche Natur hat, die Meinung unmittelbar zu verkehren.*)

Sollte man es glauben: auf jenen so problematischen, von so vielen der grössten Denker verworfenen Begriff, auf ein „Mysterium," ein „*miraculum rigorosum*," nach

---

*) Zu meinem grössten Bedauern — da ich gerade hinsichtlich der Transscendental-Freiheit mich meinem hochverehrten Lehrer, dem berühmten Eduard Zeller, nicht anschliessen kann — verbieten mir die eng bemessenen Grenzen dieses Schriftchens, näher einzugehen auf die verschiedenen Versuche, jenen hyperphysischen Begriff zu retten, sowie auf die Erklärung des Scheines der Willkürwahl [welche Puncte ich in der grösseren Arbeit, deren Extract die vorliegende ist, mit Ausführlichkeit erörtert habe]. Ich muss mich darauf beschränken, mich zu beziehen auf Schopenhauer's (bis auf den 5. Abschnitt) treffliche Schrift „über die Freiheit des Willens", auf die bez. Stellen in den Kantischen Werken (zumal Kr. d. r. V. u. Gr. d. M. d. Sitten), auf die Spencer'schen Bemerkungen (Pr. of Psychol. I, p. 501 sq.), sowie Wundt's Vorlesungen über die Menschen- und Thierseele), auch auf Locke's *Ess. conc. human understanding II, 21* und die Parallelstelle in Leibnitz' *Nouv. ess.* — Nach juristischen Principien aber hat der Determinismus überhaupt gar nicht die Pflicht, sein Recht zu beweisen: denn in der Wissenschaft ist er, Aristotelisch zu reden, zwar nicht *χρόνῳ πρότερον*, aber *φύσει πρότερον*. Die ganze Vergangenheit ist eine Reihe einzelner Acte, die eben so, wie sie beschaffen waren, unwiderruflich sind; überall nehmen wir in der Natur sonst Gesetze und necessitirende Ursachen an, selbst bei den Thieren, und absolut keine Erfahrung kann bekanntlich beweisen, dass etwas hätte anders geschehen können, als es wirklich geschah, dass es m. a. W. ohne zureichenden Grund geschehen sei, sondern stets nur, dass wir die Gründe nicht kannten; dennoch behauptet man, dass es hätte anders geschehen können:
Affirmanti *incumbit probatio!*

Malebranche und Kant, hat man die ganze Sittlichkeit gründen wollen! Ein verhängnissvolleres πρῶτον ψεῦδος kann es fürwahr kaum geben! Wann wird man aufhören (um ein Lessing'sches Wort hier zu variiren), an den Faden einer Spinne (der in unserm Falle ganz täuschend so gestaltet ist wie Υ—a) nicht weniger als die ganze Moral hängen zu wollen! Die Wahrheit ist, dass, wie auch Hume sagt (*Enq.* VIII, 2), die deterministische Lehre „nicht allein mit der Moralität verträglich, sondern sogar zu ihrer Begründung absolut wesentlich ist." Denn alle Willkürwahlfreiheits-Theorieen, so viele verlegene Umschweife sie auch machen, müssen, wenn sie consequent sein wollen, schliesslich recurriren auf jene alte Lehre von der Indifferenz, da alle Gründe in unsrer Ueberlegung doch nicht entschieden, die stärksten Beweggründe in dem Kampfe der Begehrungen doch noch nicht gesiegt haben sollen, — unsre Handlungen mithin ohne Gründe, wir müssen mit Epikur sagen: aus blossem Zufall geschehen; man hat also, mit Herbart zu reden, jenes herrliche Wort Freiheit an „offenbaren Unfug" verschwendet. Bei diesem grundlosen Wollen ist aber für die Sittlichkeit kein Raum mehr. Denn nur, wenn wir, determinirt durch die Gewalt des anerkannten Guten, das Gute wählen, wenn „die moralischen Triebfedern Bestimmungsgründe" sind, „wo die Vernunft wahrhafte Causalität zeigt und wo Ideen wirkende Ursachen der Handlungen und ihrer Gegenstände werden" (Kr. d. r. V. Transsc. Dial. I, 1): nur dann kann die Handlung ethischen Werth und Würde haben; und nur wenn ein festes Band die Handlung mit dem Charakter verknüpft, ist ein Schluss aus jener auf diesen, eine moralische Zurechnung möglich. Wenn man wollte „*demander l'absurde et l'impossible, en voulant une liberté d'équilibre absolument imaginaire,*" so würde die Erfüllung dieses Wunsches nach Leibnitz (*Nouv. ess.*

II, 21. §. 15) "*détruire la véritable liberté avec la raison, et nous abaisser au dessous des bêtes.* (Vgl. hierüber auch die treffenden Erörterungen Hume's, *Enq.* VIII, 1 u. 2.) Und alle Erziehung, alle sittliche Gewöhnung, alle Ausbildung des Charakters wird durch jenen Riss in der ewigen Kette der Causalität, durch jene Annahme einer Transscendental-Freiheit, oder um das Kind beim rechten Namen zu nennen und seines prunkenden metaphysischen Mäntelchens zu entkleiden, durch Annahme einer Zufallswillkür unmöglich gemacht. —

Aber man behauptet: der Determinismus vermöge nicht zu erklären, bez. zu rechtfertigen Gewissensbiss, Reue, Busse, Pflicht, die Unterscheidung von sittlichem Werth und geistiger Begabung, die Zurechnung und endlich die Strafe. Hierauf erwidere ich, dass all' dieses doch durch den negativen Begriff des s. g. „freien," d. h. aus Gründen nicht resultirenden, Willens nicht etwa erklärt werden soll! Und „erklären" heisst doch: den Grund, die Nothwendigkeit von etwas angeben; und da kämen wir schön an bei den Indifferentisten! Wenn also die deterministische Lehre wirklich dieser Vorwurf träfe, so könnte sie es doch dem Vorwerfenden höchlich übel nehmen, dass er Anderen Gebrechen — „aufmutzt" (wie Lessing sagen würde), die ihm in noch höherem Maasse selbst anhaften. Nun aber wird sich zeigen, dass für uns (d. h. Deterministen) alle jene Begriffe sehr wohl zu erklären oder zu begründen sind, ohne Annahme aller dunkeln Qualitäten.

Jeder Act des Gewissens ist ein mit einer Gemüthsbewegung verbundenes Urtheil, hervorgegangen aus einer meist unbewussten Vergleichung unsrer uns gerade bewussten Handlung mit unserm Ideale menschlicher Gesinnung, dem sittlichen Maassstabs- oder Musterbegriff:

ob diesem die erstere entspricht, oder nicht*) — das Urtheil der Billigung (Gewissenslob) oder Verwerfung und Selbstmissachtung (Gewissensbiss), welches von diesem ganzen geistigen Process meist allein zum Bewusstsein kommt; hier ist die Handlung, hier der sittliche Maassstab — und die Conclusion aus diesen Prämissen vollzieht sich mit absoluter Naturnothwendigkeit, ganz wie im Gebiete der Aesthetik. Jenes sittliche Jdeal nun ist (wie wohl Wundt zuerst erkannt hat) das Product eines Systems von Inductionsprocessen, die weit über das individuelle Dasein hinausreichen. Erst spät durchzuckte der erste Gewissensblitz das Herz des Menschen. Das ursprünglichste Element der Sittlichkeit, oder richtiger: den zuerst zur Sittlichkeit hinwirkenden Factor bildet das Mitgefühl, Mitfreude und Mitleid. Hierzu kommt in zweiter Reihe der Einfluss der Auctoritäten, nämlich der Gesammtheit des Volkes mit ihren Häuptlingen, welche gewisse Gebote und Verbindlichkeiten auferlegen, ferner der Eltern, Pfleger und Lehrer, die sich in ihrer Erziehung zumeist nach den ersteren richten, sodann der Priester mit ihren Satzungen. Als den spätesten der Factoren in der sittlichen Entwicklung der Geschlechter müssen wir betrachten den Einfluss der nun schon höher potenzirten Intelligenz, die schon unmittelbar durch sich selbst veredelt (da, wie Schopenhauer sehr präcis sagt, die „Motivation die durch das Medium der Erkenntniss hindurchgehende Causalität, und daher dieses Medium für alle Handlungen von der höchsten Bedeutung ist), und die zugleich eine tiefere, vernunftgemässe Betrachtung der Bedingungen des

---

*) *Per bonum intelligam id, quod certo scimus medium esse, ut ad exemplar humanae naturae, quod nobis proponimus, magis magisque accedamus. Per malum autem id, quod certo scimus impedire, quo minus idem exemplar referamus.*
Spinoza. [Eth. IV. praefat.]

gesellschaftlichen Lebens möglich macht. Aus diesen Elementen resultirt im Wesentlichen der sittliche Zustand eines Volkes, der daher ein ungemein verschiedener ist, je nachdem er sich mehr oder weniger allem Ziele sittlicher Entwicklung, dem stetigen Streben nach dem allgemeinen Wohle, annähert. — Aber obwohl alle diese Factoren an der sittlichen Bildung mächtig arbeiten, ist doch immer der Keim dieses sittlichen Gefühls angeboren — ein goldenes Erbe vorangegangener Generationen*); und hierdurch erfahren Kant's „praktische, in unsrer Vernunft liegende ursprüngliche Grundsätze der Moral *a priori*" (und selbst die uralten Lehren der Metempsychose, Palingenesie, Präexistenz und Erbsünde) eine gewisse Bestätigung. Wie denn schon Horaz unnachahmlich schön dargestellt hat diese beiden Factoren Vererbung und Anpassung, in den Versen:

> fortes creantur fortibus et bonis;
> est in juvencis, est in equis patrum
> virtus, neque imbellem feroces
> progenerant aquilae columbam;
>
> doctrina sed vim promovet insitam,
> rectique cultus pectora roborant:
> utcunque defecere mores,
> dedecorant bene nata culpae.

Wenn ich hier von angeborenen geistigen Eigenschaften rede, so soll nicht etwa die alte Lehre von „angeborenen Ideen" restaurirt werden, — denn nirgends entspringt völlig gepanzert Athene dem Haupte des Zeus: sondern wie die Vererbung der physischen Organisation

---

*) Shakespeare verherrlicht diese Geburtsaristokratie des Herzens (welche freilich sonst nicht gerade mit der des Wappens zusammenfällt) in mehreren seiner Dramen (Wintermärchen, Cymbeline). Die zu einer gewissen Weltberühmtheit gelangte blinde und taubstumme Laura Bridgman (vgl. Burdach, Blicke in's Leben, III) ist ein echter Repräsentant dieses sittlichen Geburtsadels.

nur eine Vererbung der Anlage zu einer gewissen Körperbildung ist, so müssen wir auch die psychischen Vererbungen betrachten als solche Prädispositionen.

Kehren wir zurück zu unsern Erörterungen über die sittlichen Gefühle. — Vom Gewissensbiss unterscheidet sich die Reue dadurch, dass zu der, eigne Verwerfung aussprechenden, „strafenden" Stimme des Gewissens noch andere schmerzliche Gefühle hinzutreten. Wir vergegenwärtigen uns die Folgen unsrer unsittlichen Handlungsweise, und in uns tönt, wie Ludwig Feuerbach sagt, „ein Echo von dem Racheruf des Verletzten;" und zu einem oft tiefschmerzlichen Mit-Leiden gesellt sich das zu Boden drückende Gefühl der eignen Ohnmacht, wenn das Wiedergutmachen nicht mehr möglich ist. Hierzu kommt, dass wir in diesen Zeiten der Reue unter weitaus gemässigteren Affecten stehen, bez. ganz affectlos sind, und uns nun mit dieser Ruhe und Klarheit des Geistes in jene verhängnissvolle Lage zurückversetzen, die uns nun auf einmal so ganz anders erscheint. Wenn die Reue, wie meist der Fall ist, zu guten Vorsätzen für die Zukunft führt, wird sie ein sehr bedeutsames ethisches Bildungsmittel; wenn aber der Mensch in ein stumpfes Hinbrüten versinkt, sich preisgebend den ihn durchwühlenden Schmerzen, so ist keine Steigerung der Sittlichkeit zu erwarten, die ohne Energie nicht möglich ist.

Zur Busse, die oft zu zwecklosen Selbstpeinigungen führt, fühlt der Mensch sich dadurch getrieben, dass er auf irgend eine Weise das gegen Andre verübte, ihm selbst nun schmerzende Unrecht wieder gut machen will: sei es auch nur, dass er durch Selbstmartern sich überlässt dem besonders im roheren Menschen scharf ausgeprägten, doch nie ganz verschwindenden, instinctiven Zuge, eine Rächung oder Vergeltung herbeizuführen, einem Triebe, der in dem Instinct der Selbsterhaltung seine Wurzel hat (vgl. oben S. 16), und welcher in diesem

Falle dadurch wirksam wird, dass der Büssende sich durch sein Mitgefühl in die Person des Verletzten hineinversetzt.

„Pflicht! du erhabener, grosser Name, welches ist der deiner würdige Ursprung, und wo findet man die Wurzeln deiner edeln Abkunft?" fragt Kant: aber eine Antwort darauf, eine Darlegung des Entstehens und der Entwicklung des sittlichen Gefühls, der „ungeschriebenen, wandellosen Gesetze der Götter" — ἄγραπτα κἀσφαλῆ θεῶν νόμιμα, nach Sophokles (Ant. 454), sucht er nie zu geben, ja er erklärt es für unmöglich. „Wir können gar nicht begreifen, wie das Sollen ... Ursache von Handlungen sein könne, deren Wirkung Erscheinung in der Sinnenwelt ist" (Prol. 53). „Wie reine Vernunft praktisch sein könne, das zu erklären, dazu ist alle menschliche Vernunft gänzlich unvermögend, und alle Mühe und Arbeit, hiervon Erklärung zu suchen, ist verloren!" „Hier sehen wir nun die Philosophie in der That auf einen misslichen Standpunct gestellt, der fest sein soll, unerachtet er weder im Himmel, noch auf der Erde an etwas gehängt oder woran gestützt wird!!": — In der That sehen wir hier die Philosophie Kant's auf jenem Flecke, der ihre verhängnissvolle, von dem Panzer der Kritik völlig unberührte Achillesverse ist. Wie später Schopenhauer, Kant „zu Ende denkend," beim Willen überhaupt aus den Augen setzte, dass dieser, so gut wie alles Andere, subjective Bewusstseinserscheinung, empirisches Phänomen ist; so hob schon Kant, ganz ohne sich zu rechtfertigen vor seinen eigenen Normirungen in der Analytik der Kritik der reinen Vernunft, heraus aus der „Sinnenwelt" und damit zugleich aus dem Bereich aller wahren wissenschaftlichen Erkenntniss das ganze Gebiet der Sittlichkeit. Man wird sich mehr und mehr überzeugen müssen, dass Kant's reformatorisch-wissenschaftliche Bedeutung nur gegründet ist (neben jener genialen „Theorie des Himmels") auf die Kritik der reinen Vernunft nebst deren Erläuterungen: die Kritik der praktischen Vernunft in ihrem ethischen Theile, mit den verwandten Werken, imponirt zwar durch den Adel der Gesinnung, durch sittliche Lauterkeit und Hoheit, durch würdigen Ernst gegenüber der Weichlichkeit der, das souveräne Ich vergötternden, hedonistischen Systeme — (ich sehe hier ab von jenem sehr bedenklichen „Hinterpförtchen," nach Schopenhauer, das uns noch einmal begegnen wird): — ebenbürtig ist sie in wissenschaftlicher Hinsicht jener Kritik κατ' ἐξοχήν bei weitem nicht. Kant ist ein unvergleichlicher Philosoph: aber auch er kann irren; und gerade wenn wir dem Sokrates folgen wollen, sollen wir uns — nach jener schönen Forderung des Platonischen Sokrates im Phädo — wenig um den Sokrates kümmern, sondern allein um die Wahrheit! — Tacitus berichtet (*Germ.* XIV) von unsern alten Vorfahren: „*Principes pro victoria pugnant, comites pro Principe:*" es giebt in der Philosophie viele „*comites;*" uns aber lasst doch den germanischen Fürsten nacheifern durch Streben nach gleichem Ziele: *pro victoria — Veritatis!**)

---

*) Hierbei gestatte man mir einige Worte über den hier vertretenen Begriff von „praktischer Philosophie." — Alle reine Wissenschaft ist theoretisch, daher auch Philosophie, soweit sie reine Wissenschaft ist; auch das Wollen und Handeln hat sie wissenschaftlich zu betrachten und zu erklären; das „Praktische" liegt ganz wo anders: in dem Einfluss derselben auf die Person ihres Vertreters — seine Persönlichkeit durchdringend und im Handeln leitend hervortretend: das ist „Weisheit." Sokrates war daher ein grosser „praktischer Philosoph," eben so Spinoza und Kant: darüber sind Alle einig; — ob auch ihre „ethischen" Theorieen sämmtlich gross sind, darüber wird gestritten. Sogenannte praktische Philosophie (wie Kant's „Metaphysik der Sitten") soll damit in ihrem eigenthümlichen Werthe nicht unterschätzt werden; aber geltend muss man machen, dass sie schon ausserhalb reiner Philosophie steht, als praktische Anwendung, — in einem ähnlichen Verhältniss zu ihr, wie etwa Maschinenkunde zur mathemathischen Mechanik, Forstkunde zur Botanik: — wer wird deren Werth unterschätzen; aber sie sollen sich auch nicht

Das Sollen im allgemeinsten Verstande ist der **verschärfte Wunsch** eines gewissen Wollens, — das sittliche Wollen ein durch die leitende Stimme des Gewissens geheiligter und verschärfter Wunsch, dass das geschieht, was unserm sittlichen Ideale entspricht, — ein Wunsch, dessen Erfüllung eben daher auch ausbleiben kann. Das Vergangene ist keinesfalls zu ändern, ob es nun nothwendig oder zufällig geschehen ist. „*For past who can recall, or done undo? Not God omnipotent nor Fate!* — denn wer kann ungescheh'n Vergangnes machen? Nicht der allmächt'ge Gott und nicht das Schicksal!" nach dem Sänger des verlornen Paradieses (IX, 926 sq.): wohl aber kann man den sittlichen Wunsch haben, dass etwas nicht geschehen wäre. Der Hauptnerv des Sollens geht jedoch auf die Gestaltung der Zukunft nach sittlichen Zwecken, eben durch den Befehl des: „Du sollst!" der als Kanon auf den Willen des Menschen determinirend wirken soll. — Es dürfte endlich Zeit sein, den „**Uebergang von den Naturbegriffen** zu den praktischen" zu suchen, „um den moralischen Ideen selbst auf solche Art **Haltung zu verschaffen**," wie **Kant** sagt: — Zeit, dass man Ernst damit macht, auch die Moral vom Himmel

---

für reine Wissenschaft ausgeben! — — Man müsste sogar mit hoher Freude es begrüssen, wenn eine erleuchtete Regierung, anstatt immer für schöne Bildsäulen und Bauten, auch einmal für praktische Moralwerke (und Rechtsbücher), zumal zum **Schulunterricht**, (etwa in zwei Bearbeitungen, für die Lernenden und für die Lehrenden) eine allgemeine **Preisconcurrenz** ausschreiben wollte; damit [während bis jetzt die rechtliche, bez. juristische Bildung der künftigen **Staatsbürger** gar nicht in Betracht kommt, dagegen auswendig gelernt werden die Gesetze von Juden, Griechen und Römern] die sittliche Bildung des Volkes nicht immer und ewig durch die vor Jahrtausenden bei den Juden geltenden Vorschriften, als höchste Norm, geleitet werde! Wahrlich, ist denn die Menschheit seitdem gar nicht fortgeschritten? und sollte dieser Fortschritt nicht auch in der **Schulbildung** seinen Ausdruck finden? — Ich zweifle nicht, dass unser junges, herrliches deutsches Reich uns nicht lange mehr wird schmachten lassen nach besseren Elementen **sittlicher Bildung**!

auf die Erde zu bringen und sie an diese anzuschmieden mit demantnen Fesseln. Auf **Natur** und **Wesen** und auf die **Entwicklung** des **Menschen** selbst, auf seine φύσις ist das ήθος zu gründen, — nicht auf den „Willen Gottes." Denn es liegt zunächst der Einwurf sehr nahe, dass man wohl mit den anderen Gründen am Ende sei, wenn man sich auf den für Alles geltenden Urgrund beruft (wie auch Kant häufig wiederholt); ferner aber dürfte der „Wille Gottes" unsrer Philosophie doch recht bedeutende Schwierigkeiten bereiten, wenn sie sich nicht zu scholastischer Katechismus-Weisheit degradiren will. Und selbst wenn man das Ungeheure wagen wollte, und übertragen auf das Princip der Welt eine Eigenschaft jener wimmelnden Creaturen auf dem kleinen Planeten der Sonne; so würde doch wohl der „Wille Gottes" mit absoluter Allgewalt sich verwirklichen. „Was Gott will, das stehet da; und was Er thun will, das muss werden." (Pred. Sal. III, 15.) „Das absolute Wesen hätte nur diesen leeren Namen, wenn es in Wahrheit ein ihm Anderes, wenn es einen Abfall von ihm gäbe," sagt Hegel (W W. II. 584); und man muss auch mit Lichtenberg (Verm. Schr. I, 62) annehmen: „Wir auf dieser Kugel dienen zu einem Zweck, dessen Erreichung eine Zusammenverschwörung des ganzen menschlichen Geschlechts nicht verhindern könnte!" — In der Philosophie also zu reden, als hätten die Menschen Jahrtausende lang (alle s. g. Wilden und — die meisten Nicht-Wilden) dem Willen des Weltenlenkers zuwidergehandelt — welches Beginnen! Ein metaphysisches, d. h. von Gott vorgeschriebenes Sollen (nach unsrer menschlichen Art sc. — „*tanquam judex: id enim solum nostra est quaestio*") können wir also nicht annehmen: das wäre **Müssen**.

Wir haben das Sittengesetz (und damit den heiligen Wunsch, den Befehl, dasselbe zu verwirklichen, — das Sollen, die Pflicht) erkannt als ein Gesetz unsrer eigensten menschlichen Natur, nicht ein uns selbst fremdes, dem wir uns etwa gar unsrer Natur nach nur mit Widerstreben beugen könnten. Wir sind uns selbst das Gesetz! Wir beugen uns mit Ehrfurcht vor dem Sittengesetz, aber wir wollen uns vor ihm auch nicht in den Staub werfen. „Timur spricht: Hätt' Allah mich bestimmt zum Wurm, so hätt' er mich als Wurm geschaffen!" (Göthe). Daher wir so entschieden wie Schiller (vgl. Anmuth u. Würde, sowie Carlos, II, 15 Posa) protestiren müssen gegen alle mönchisch-ascetische Herbheit einer jeden unnatürlichen, das schmerzliche Gehorchen nach bitterem Seelenkampfe gegen das Widerstreben als Höchstes ausgebenden Moral.

Einer natürlichen Moral gilt als letzter Zweck und höchstes Gesetz aller Sittlichkeit das allgemeine Wohl. Die Neigung zu dessen Realisirung liegt schon in der geistigen Organisation des φύσει πολιτικὸν ζῶον selbst (vgl. oben S. 16) und wird nur verstärkt durch das erst später immer bestimmter hervortretende Gesetz. „Der Himmel," sagt der geistreiche Lichtenberg sehr schön, „hat so wenig auf unsern Verstand ankommen lassen, und wir wollen Alles damit treiben!... Die Natur hat die Menschen durch die Brust verbunden." In zwei specifisch verschiedene Classen theilen sich unsre Gefühle: in die egoistischen, oder besser idiopathischen (nach dem treffenden Ausdruck der Cyrenaiker) Gefühle, welche in dem eigenen Ich ihren Schwerpunct haben — und in die ethischen oder sympathischen Seelenregungen, welche in Andern ihren Schwerpunct haben; und diese letzteren, von den Eudämonisten und selbst Spinoza gänzlich unterschätzten, die interhumanen Beziehungen anlangenden Gefühle constituiren den intensiv-bedeutsamsten Theil aller unserer Gemüthsbewegungen: wodurch die atomistische Isolirtheit der Menschen eine glückliche Einschränkung erfährt. Und eben in der

Aufhebung des strengen Unterschiedes zwischen den Individuen, dem Ich und dem Nicht-Ich, worauf gerade der Egoismus beruht, — in diesem wenigstens partiellen Identificiren von sich und Anderen liegt die Wurzel der Sittlichkeit. (Vgl. Leibnitz, N. E. II, 20. §. 4.) „Göttliche Liebe, du bist's, die der Menschheit Blumen vereinigt! Ewig getrennt, sind sie doch ewig verbunden durch dich."
(Schiller.)
Und eben diese partielle Aufhebung und diese „Erweiterung der scharf abgeschnittenen Umrisse unserer Persönlichkeit" ist ja auch das Streben alles religiösen Lebens, das sich hierin dem sittlichen so bedeutungsvoll verwandt zeigt! —

Es hat zu allen Zeiten wunderliche Heilige gegeben, die in seltsamer Hyperscrupulosität an jenem „allgemeinen Wohle" noch Anstoss nahmen: — die Sittlichkeit solle überhaupt nicht mit Wohl, d. h. mit „Lust" in Verbindung gebracht werden! (Als ob nicht selbst die ascetischsten Männer die „ewige Seligkeit," die sie „in jener Welt" erwarten, auch für einen Zustand irgend welcher Lust halten müssten! aber das ist natürlich ganz etwas Anderes?) Zunächst will ich constatiren, dass gerade das Wort „Lust" ein ganz vortreffliches Beispiel wieder ist zu dem oben (S. 27) über das Wort Bemerkten: ein andres Wort für Lust ist aber Freude, deren Sänger ein Schiller ist; und man würde allerdings wohlthun, wie die Begriffe, so auch die Worte hier zu scheiden und „Lust" für die sinnlichen, „Freude" für die geistigen, dem eigenen Wesen harmonischen Gemüthsbewegungen zu brauchen. Es ist eine höchst ungerechtfertigte Anklage gegen die Freude, wenn man sie, wie der geistvolle Lotze treffend bemerkt (a. a. O. II, 305. Vgl. überhaupt L.'s Erörterungen über die Freude, S. 302 ff. sowie L. Feuerbach, WW. X, 67. 71.), „nur in dem ungünstigen Lichte eines Egoismus erscheinen lässt, der alle Dinge der Welt und ihre eigenthümlichste Natur nur als Heizungsmaterial zu seiner eigenen Erwärmung verbraucht;" vielmehr muss man sich überzeugen, „dass die Lust selbst das Licht ist, in dem jede objective Vortrefflichkeit und Schönheit des Wirklichen erst wahrhaft zu leuchten beginnt." Ueberhaupt aber sollte man auf die von der göttlichen Natur uns zu unsrer Beglückung verliehenen Gefühle nicht so vornehm herabsehen wollen, da wir nur durch diese in ein lebendiges, persönliches Verhältniss zu den Dingen treten können. Man sollte sich erinnern, dass noch stets jener Platonische Eros, der den Giordano Bruno auf den Scheiterhaufen führte, jener „*amor DEI intellectualis,*" der den unsterblichen Spinoza verklärte, jenes glühende, begeisterte Streben nach Wahrheit, und jene hochherzige Leidenschaft, die für wahr erkannten Ideen in der Menschheit wirken zu wissen, die Schöpfer alles Grossen und Genialen auch auf philosophischem Gebiete gewesen sind: ob nun dieser prometheische Götterfunke sich, wie im bewegten Leben des Genies, auch äusserlich in seinem strahlenden Glanze offenbare, oder, mehr still und innerlich wirkend, die gesammte Persönlichkeit mit beseligender Wärme durchglühe: — denn auch echte Philosophie erfüllt den vollen und ganzen Menschen; „Philosophie ist kein Algebra-Exempel!" Und solche, oft mit dem edelsten Herzblute geschriebene Philosophie, ob sie sich nun frei umschaut in der reichen Welt lebendiger Erscheinungen, oder kühn aufschwingt in den olympisch heitern Aether der Gedankenwelt, trägt in sich den entzündenden Hauch, neues Leben zu erzeugen, weil sie selbst aus dem voll und warm pulsirenden Leben hervorquillt.

„Ich soll fremde Glückseligkeit zu befördern suchen," sagt Kant, — — „nicht als wenn mir an deren Existenz was gelegen wäre, es sei durch unmittelbare Neigung oder irgend ein Wohlgefallen indirect durch Vernunft"—! — (denn das wäre nach ihm Alles „Heteronomie des Willens, als Quelle aller unächter Principien der Sittlichkeit") — „sondern bloss deswegen, weil die Maxime, die sie ausschliesst, nicht in einem und demselben Gesetz begriffen werden kann." O Kant! grosser Kant! fast möchte man freiwillig darauf verzichten, hierauf noch Ein Wort der Entgegnung zu sagen! „Was Gott verbunden hat, das soll der Mensch nicht scheiden!" — Anerkennen muss man den hohen Werth des „kategorischen Imperativs," indem durch diesen bedeutungsvoll gefordert wird, dass unsre Willensmaxime so beschaffen sei, dass sie allgemeines „Naturgesetz" werden könne: denn sie weist uns hin darauf, dass, wie das Universum, so auch unser Leben beherrschen soll harmonische Ordnung. Aber dieser formale Gesichtspunct ist nicht der höchste und letzte: der höchste und letzte, materiale Zweck ist das Wohl von uns empfindenden Wesen. Sollte es sonst, erklärt auch Lotze (a. a. O. II, 306), „noch immer eine absolute sittliche Forderung sein, dass an die Stelle des einen factischen Zustandes, der Niemand wohl oder wehe that, ein andrer Zustand gesetzt werde, der gleichfalls für Niemand in der Welt einen Zuwachs an Gut enthält? Sollten wir glauben, die Welt gehe so völlig in Etiquette auf, dass es in ihr nur auf Realisirung von Thatsachen formeller Art ankäme?" „*Things are Good or Evil only in reference to Pleasure or Pain,*" sagt Locke kurz und bündig (Ess. c. h. u. II, 20. §. 2), und ähnlich Leibnitz (in der Parallelstelle der N. E.).

Nach Kant's Darstellung ist nicht das gut, was in der Absicht, das Wohl Anderer zu befördern, gethan wird, sondern das, „wodurch man" (— selbst! —) „würdig ist glücklich zu sein." Die innere Befriedigung, die das Guthandeln unmittelbar mit sich führt, scheint ihm nicht zu genügen. „Die Sittlichkeit an sich selbst macht ein System aus, aber nicht die Glückseligkeit, ausser sofern sie der Moralität genau angemessen ausgetheilt ist. Dieses aber ist **nur möglich in der intelligibeln Welt**, unter einem weisen Urheber und Regierer. Einen solchen, sammt dem Leben in einer solchen Welt, die wir als eine künftige ansehen müssen, sieht sich die Vernunft genöthigt anzunehmen, **oder die moralischen Gesetze als leere Hirngespinnste anzusehen**, weil der nothwendige Erfolg derselben, den dieselbe Vernunft mit ihnen verknüpft, ohne jene Voraussetzung wegfallen müsste. Daher auch Jedermann die moralischen Gesetze als **Gebote** ansieht, welches sie aber nicht sein könnten, wenn sie nicht *a priori* angemessene Folgen mit ihrer Regel verknüpften und also **Verheissungen** und **Drohungen** bei sich führten." (Kr. d. r. V. Methdl. II, 2.) — Nach der hier vertretenen Ansicht dagegen sind die moralischen Gesetze **nicht** „leere Hirngespinnste" ohne die Annahme eines göttlichen **Richters** (einer **anthropomorphistisch** gedachten Gottheit) und einer persönlichen Unsterblichkeit, behufs Vergeltung: wahre Moralität würde, selbst wenn Materialismus und Atheismus Recht hätten, nicht aufgehoben; sondern sie fliesst unmittelbar aus dem Begriff eines empfindenden und vernünftigen Wesens. Und so sagt auch (der bekanntlich orthodox-christliche) Leibnitz: *„Il est manifeste, que Thomas d'Aquin et Grotius ont pu dire, que s'il n'y avait point de Dieu, nous ne laisserons pas d'être obligés à nous conformer au droit naturel."* (*Théodicée*, §. 183.) Kurz, **Moral und Religion müssen durchaus geschieden bleiben**: die letztere darf zu jener weder eine dienende, noch eine herrschende Stellung einnehmen, und die erstere muss von allen und jeden religiösen Vorstellungen unabhängig sein. — Und ihren „nothwendigen Erfolg" finden gute Handlungen schon in diesem Leben; auch wird **nicht** angenommen, dass moralische Gesetze nur als „Verheissungen und Drohungen" wirken, also durch egoistisches Interesse: Ich meine, wenn ein edler Mann mit eigner Lebensgefahr ein Kind vom Tode rettet, so thut er dies wahrhaftig nicht, bloss weil es ihm (vom kategorischen Imperativ) befohlen wird, und nicht, weil er in einer künftigen Welt Lohn zu empfangen hofft; sondern eben nur, um das Kind zu retten!*) — Beide besprochenen Auffassungsweisen kommen darin überein, dass, wie Kant sagt, „das System der Sittlichkeit mit dem der Glückseligkeit unzertrennlich verbunden sei" — nur unter den gekennzeichneten differenten Gesichtspuncten. — Zu entscheiden, welche Theorie der Sittlichkeit dem Eudämonismus ferner steht: die gar sehr hyperphysische und an allerlei transscendente Bestimmungen geknüpfte Theorie Kant's, oder die hier auf Grundlage des Determinismus vertheidigte, sich streng innerhalb der Grenzen unsrer s. g. diesseitigen Sinnenwelt haltende, — dies überlasse ich dem Urtheile des geneigten Lesers.

Nun zur Unterscheidung von sittlichem Verdienst und geistiger Begabung. — Ein Jeder macht die Erfahrung, dass gewissen Menschen eine bedeutende geistige Begabung oder künstlerische Talente angeboren sind, dass sie Alles im Spiel lösen und vollbringen, was Anderen schwere Arbeit kostet; und ob er gleich solche Talente zu schätzen weiss, so möchte er dieselben den betreffenden Individuen doch nicht eigentlich anrechnen, da diese Talente eben angeboren seien. (Wenn es sich um die eigne Persönlichkeit handelt, rechnet sich freilich der Mensch oft selbst Grösse, Stärke, Gesundheit, Schönheit,

---

*) Ein ultramontaner Schriftsteller (Msg. v. Wolański, Lehre v. d. Willensfreiheit d. M. S. 11) behauptet geradezu: „Gott war nur Diener und Vermittler menschlicher Glükseligkeit" bei Kant [während derselbe „Kämmerer Sr. Heiligkeit" Leibnitz als den „wahren deutschen Aristoteles" preist].

vor Allem aber Geist als Verdienst an.) Ganz anders verhält er sich gegen Menschen, die durch eigene, unablässige Arbeit dieses oder jenes Gut erreicht, sich verdient haben. Was soll auf deterministischem Standpuncte hierbei unerklärlich sein? In dem ersten Falle haben wir, nach der Evolutionstheorie, reine Vererbung, in dem zweiten ein auf dem Grunde des Gegebenen sich fortbildendes Neues, resultirend aus Thätigkeit, eigner Kraftäusserung — Verdienst ist nach einer Kantischen Definition „die (innere) Zurechnung, selbst Urheber zu sein" — (nach der Terminologie unsrer Theorie, gegenüber der Vererbung, zur „Anpassung," im weitesten Sinne, gehörig). Ferner aber wird hierbei überhaupt Intelligenz und Charakterbeschaffenheit, Kopf und Herz, unterschieden — und auch hierbei kann doch auf unserm Standpuncte nichts Unerklärliches sein. Franz Bacon hatte hervorragendes Genie, aber einen schwachen (nach Kuno Fischer:) allzu elastischen Charakter. Da nun aber das Gebiet des Ethischen unser intensivstes Interesse berührt, indem unser ganzes Wohl und Wehe davon abhängt, so pflegt man auf diese Charakterseite ein höheres Gewicht zu legen, als auf die intellectuelle.*) Man kann häufig genug beobachten, wie auch sittliche Vorzüge oder Fehler sich schon in hervorragendem

---

*) Man gestatte hier eine Anmerkung. — Aristoteles dachte bekanntlich hierin anders; und wenn ich seiner Werthschätzung auch nicht beipflichten kann, so meine ich doch: dass wir, wenn wir geistig grosse Männer der Vergangenheit beurtheilen, denn doch auch an unsre Pflicht der Dankbarkeit gegen sie denken sollten: gegen die Mitwelt mögen sie sich vergangen haben — der Nachwelt ist ihr Dasein Segen. „Ehe man tadelt, sollte man immer erst versuchen, ob man nicht entschuldigen kann." (Lichtenberg.) Daher eine ruhig-milde Beurtheilung, wie die Bacon's durch K. Fischer, mich persönlich — ich kann geradezu sagen: innig erfreut hat! Es ist gar sehr wohlfeil „in dem Ausdruck der Entrüstung seine Stärke zu zeigen!" Was mich anbetrifft, so kenne ich keinen liebenswürdigeren Zug, als Nesseln auszuraufen auf den Gräbern hoher Geister. — Nun vollends

Maasse bei noch ganz unentwickelten Kindern offenbaren, da es eben auch keine moralischen Nullen giebt; aber jener unvergleichlich stärkeren Macht, die alles Ethische auf uns ausübt, ist es zuzuschreiben, dass wir die s. g. „guten Kinder" und die früh sich krümmenden „Häkchen" doch mit ganz anderen Augen ansehen, als wenn diese früh sich zeigenden Licht- und Schattenseiten nur die intellectuelle Sphäre beträfen. Und so wendet man sich ohne Weiteres z. B. von jenem achtjährigen österreichischen Bauernknaben mit Abscheu, ja mit Wuth und Hass ab, der im Jahre 1873 (wie damals von allen Zeitungen berichtet wurde) auf wohl überlegte Weise seinen sechsjährigen Spielgenossen in den Wald lockte und dort ermordete, um sich dessen neuen Rock anzueignen: es ist das instinctive Reagiren wie gegen eine Giftschlange (s. S. 16). „*Une mauvaise volonté est dans son département ce que le mauvais principe des Manichéens seroit dans l'univers; et la raison, qui est un image de la Divinité, fournit aux âmes mauvaises de grands moyens de causer beaucoup de mal. Un seul Caligula ou Néron en a fait plus qu'un tremblement de terre!"* (Leibnitz.) — Auch hierbei ist nichts unerklärlich; dass man sich aber naiv einbildet, dieser unglückliche Bube hätte nicht so schlecht sein brauchen, ist eben

---

aber gegen die kleinen, menschlichen Schwächen unsterblicher Genien (ich denke zumal an Lessing und Göthe), gegen diesen Tribut der Menschheit moralisiren zu hören, indignirt aufs Höchste. „Man kann wohl die Fehler eines grossen Mannes tadeln, aber man muss nur den Mann nicht deswegen tadeln." Ein solcher Olympier kann wohl mit Stolz zu uns sagen: So bin ich, so nehmt mich, und danket Gott, dass ihr einen Genius wie mich habt! — — Es giebt auch in der Wissenschaft Charaktere, die im Gegentheil eine Ehre darin suchen, in der Ruhmeshalle menschlicher Vergangenheit eine Bildsäule nach der andern umzustürzen; und die das Wort des Shakespeare'schen Jago zu dem ihrigen machen könnten: „Ich bin nichts, wenn ich nicht lästern kann!" „*Animalia quaedam veneno vivere fama est,*" schreibt Petrarca in einem seiner Briefe an Johannes Boccaccio.

eine Täuschung, — eine der „*idola tribus,*" — nichts weniger als die einzige!

Jener dem Determinismus gemachte Vorwurf: er hebe die Zurechnungsfähigkeit und die Berechtigung der Strafe auf, ist nur erklärlich durch jene charakteristische Entstellung der Nothwendigkeit in Zwang. Gewiss kann man Jedem diejenige Handlung zurechnen, die er mit freiem Willen, d. h. ohne Zwang, bei vollem ungetrübtem Bewusstsein gethan hat, gleichviel, ob er im gegebenen Momente seiner Natur nach anders handeln konnte, oder nicht; denn er ist ja selbst der Thäter, nur sein ureigenster Charakter ist der letzte und eigentliche Grund seines Wollens und Handelns — „*operari sequitur esse.*" — Und wie die Materie nur besteht durch Anziehung und Abstossung, wie jeder Organismus sich nur erhält, physisch und geistig (s. S. 16), durch Anziehung des ihm Gemässen und Abstossung des ihm Schädlichen: so ist auch die Grundbedingung der Existenz jedes staatlichen Organismus, sich selbst (und die zu ihm Gehörigen) vor Verletzung zu schützen: — und dies ist die zureichende und die einzige Begründung des Rechts zu strafen. (Vgl. A. v. Feuerbach, Lehrbuch des peinl. Rechts. §§. 13—19.) Denn um die schon längst in ihrer Unhaltbarkeit blossgestellte Besserungstheorie zu übergehen, so ist die Wiedervergeltungstheorie, auf die man auch die Strafe hat gründen wollen, nur auf den Rachetrieb zurückzuführen. Dies ist nun (s. S. 16) allerdings ein Grundtrieb, den wir in der ganzen Reihe der fühlenden Organismen finden, und der allein das Bestehen derselben sichert; beim selbstbewussten Menschen aber thut man sicherlich nicht wohl, universelle Institutionen auf Instincten zu errichten, anstatt auf deren Gründen selbst. (Dass die seit A. v. Feuerbach — dessen juristische Gründe gegen die Wiedervergeltungstheorie kurz dargestellt sind a. a. O. — allgemein als einzig haltbar anerkannte s. g. „Abschreckungstheorie" die deterministische Lehre geradezu voraussetzt, liegt auf der Hand; ich muss mich hier begnügen, mich besonders noch zu beziehen auf die vortrefflichen, in Spinoza's Werken zerstreuten Stellen, zumal Eth. IV. 61. schol., und Hume, Enq. VIII, 2.)

Wenn man aber mit Zurechnungsfähigkeit und Strafbarkeit auch den „göttlichen Zorn" und „ewige furchtbare Höllenstrafen" verknüpft hat, so kann ich dies nur für eine traurige, fast psychiatrische Verirrung jenes instinctiven Rachetriebes erklären, dessen widrigfanatischer Verfolgungswuth selbst das Grab noch keine Grenzen stecken kann. Es hiesse Eulen nach Athen tragen, zu unserer Zeit, in einer philosophischen Abhandlung, gar noch Worte zu verlieren gegen jene vor Blasphemien nicht zurückbebenden Vertheidiger transscendenter Rachsucht! — —

Auch auf deterministischem Standpuncte unterwerfen wir die Menschen einer sittlichen Beurtheilung (was das Streben, ihre Handlungen zu „begreifen," nicht im Mindesten hindert): aber wir streben dabei nach jener Platonischen Metriopathie, nach Mässigung, damit wir auch dem Verbrecher gegenüber eine echte Humanität beweisen. —

So kurz ich mich leider fassen musste (frühere seitenlange Erörterungen oft überschlagend oder nur durch eine Zeile andeutend, und auf Polemik meist verzichtend), hoffe ich doch dargethan zu haben, dass der (durch die Evolutionstheorie geforderte) Determinismus die Sittlichkeit in keiner Hinsicht gefährdet, und gerade auf eine wissenschaftlichere Bearbeitung der Ethik hinwirkt.

IV. Religion.

Philosophie ist keine Theologie — es soll sich, ihrem Begriffe nach, gerade zeigen, was das „natürliche Licht" der „Weltweisheit," die Vernunft, sich selbst überlassen, an den Tag bringt: andernfalls ist sie keine Philosophie mehr, sondern Scholastik, „*theologiae ancillans*." Die Theologie, „Wissenschaft von Gott," hat ihre übernatürlichen, übervernünftigen Erleuchtungen und Offenbarungen, welche Philosophie, die Wissenschaft dieser Welt, nicht kennen, nicht benutzen kann; — jene hat ihre heiligen Urkunden, die alle wahre Philosophie, wiederum ihrem Begriffe nach, mit ihrem Maassstab, d. h. mit den Gesetzen der Vernunft, kritisch zu messen hat, wie jeden andern Gegenstand. „Dass in einem Buche steht, es sei von Gott, ist noch kein Beweis, dass es von Gott sei: dass aber unsre Vernunft von Gott sei, ist gewiss, man mag das Wort Gott nehmen, wie man will." So muss, wie Lichtenberg, zu allen Zeiten der Philosoph denken. In der Theologie freilich, sowohl bei Christen, wie Juden, Muhamedanern und s. g. Heiden, hat (nach den Wolfenbüttler Fragmenten) „die Offenbarung allein das Recht, sich *per petitionem principii* zu erweisen:" — in Philosophie aber muss (wie Reimarus ferner sagt) „die Wahrheit durch Gründe ausgemacht werden, und gestehet sie ihren Gegnern kein Verjährungsrecht zu." Dass daher, um auf unsern Kernpunkt zu kommen, in Religionsurkunden von Gott oder Göttern gelehrt wird, und dass zu allen Zeiten von fast allen Völkern ein oder mehrere göttliche Wesen verehrt worden sind (denn Alle hätten ja hierin irren können): dies kann für Philosophie noch kein Grund sein, auch ihrerseits eine Gottheit anzunehmen. — Hat sie andre Gründe?! — —

Der Naturmensch legt das Gepräge seines eigenen Sinnens und Trachtens der ganzen Welt als Folie unter, überall blickt ihm sein eignes Spiegelbild entgegen; und Alles in die Perspective seines beschränkten und beengten Horizontes hineinzwängend, fasst er zunächst die praktischen Beziehungen zu dem eigenen, vielbedürftigen Selbst in's Auge. Und da diese „Blüthenkrone der Schöpfung" (nach Herder) keines irdischen Rivalen gewahr wird und freudig geniesst ihre stetig wachsende Macht bei Nutzung und Gestaltung der Natur, so umgiebt sie sich mit jener idiolatrischen Glorie, die das Universum nur als ein Mittel zu den ärmlichsten Zwecken des Menschen ansieht. (Hierüber vgl. m. z. B. Zeller, Gesch. d. deutsch. Philos. S. 255 f. „Wolffische Schule.") Diesen autotheistischen Pygmäenhochmuth vernichtet die Wissenschaft, und sie bekämpft auch dessen kleinliche, um die Menschen-Species gravitirende Teleologie; ja sie geht noch weiter: sie bekämpft alle Teleologie, die dem „Mechanismus der Natur" als ein ihm Fremdes gegenübersteht, daher selbst die immanente Teleologie des grossen Stagiriten. Und auch Kant erinnert unablässig an „die Befugniss und, wegen der Wichtigkeit, welche das Naturstudium nach dem Principe des Mechanismus für unsern theoretischen Vernunftgebrauch hat, auch den Beruf: alle Producte und Ereignisse der Natur so weit mechanisch zu erklären, als es immer in unserm Vermögen, dessen Schranken wir innerhalb dieser Untersuchungsart nicht angeben können, steht." (Kr. d. U. §. 78. vgl. §§. 80. 82.) Denn ohne den „Mechanismus der Natur" „kann es gar keine eigentliche Naturerkenntniss geben." „Selbst die wildesten Hypothesen, wenn sie nur physisch sind, sind erträglicher, als eine hyperphysische, d. i. die Berufung auf einen göttlichen Urheber." (Kr. d. r. V. Methdl. I, 3.) Dies ist die „verkehrte Vernunft, *perversa ratio,* ὕστερον πρότερον *rationis"*, welche das göttliche Wesen nur als „*asylum ignorantiae*" gebraucht, nach Spinoza. Der modernen Naturwissenschaft ist es durch die Evolutionstheorie gelungen, dieses Princip des „Mechanismus" auch in den biologischen Disciplinen zur Anwenduug zu bringen und diese damit erst zu eigentlichen Wissenschaften zu erheben; und sie bekämpft daher selbst die (früher von Baillet, Erasmus Darwin und Lamarck, neuerdings von Asa Gray u. A. befürwortete) Annahme einer den Organismen an sich innewohnenden Tendenz der Entwicklung, einer beharrlich formenden Kraft, und ähnliche Meinungen — als partieller Negation der Wissenschaft: alle solche Endursachen sind, wie Bacon sagt, zwar Gott geweiht, aber auch unfruchtbar, wie die Nonnen.

Wenn es einen Gott, als innerstes und höchstes Princip der Welt, giebt, so werden wir, in der Philosophie, nur über ihn urtheilen können aus seinem Werke: dieses ist daher vorurtheilsfrei zu erforschen. Wenn ein Gott ist, so muss Spinoza (wenn wir nicht mit ihm über blosse Ausdrucksweisen streiten wollen) Recht haben, indem er sagt: die Naturgesetze sind nichts anderes als „Gottes ewige Beschlüsse, denen ewige Wahrheit und Nothwendigkeit einwohnt"; sie sind ewig und unveränderlich, denn in der Ewigkeit giebt es kein Dann und kein Wann, kein Vorher und kein Nachher — sie vollziehen sich durch das Weltsystem mit ewiger, allen Zufall ausschliessender Unwandelbarkeit. So Spinoza, der „heilige Spinoza", in dessen gewaltigem, durch ewige Grundsäulen der Wahrheit gestütztem Dome man den Wiederschein der ewigen, stillen Augen des Himmels zu empfinden meint, nach denen er, in seinen nächtlichen Studien, wohl oft aufgeschaut haben mag zur Erquickung und Erhebung — und zu seiner Orientirung, wie der Seefahrer; zumal aber nach dem Pole des Sternenzeltes, den sein Vorgänger, Giordano Bruno, der Wahrheit geweiht hat.*) Weisen uns nun jene ewigen, allgemeinsten Gesetze der Welt auf eine Gottheit hin? — Laplace sagte zu dem grossen Corsen: „Majestät, ich habe den ganzen Himmel durchsucht und Gott nicht finden können." Hätte Laplace nicht bloss sein Auge bewaffnet durch Teleskope, sondern auch durch philosophischen Sinn: er hätte Ihn gefunden. Ein Kepler schloss seine „Harmonieen der Welt" (s. M. Müller, Lect. on language, p. 125) mit den Worten: „Lobet den Herrn, ihr himmlischen Harmonieen, und ihr, die ihr die neuen Harmonieen versteht, preiset den Herrn! Lobe Gott, o meine Seele, so lange ich lebe! Von Ihm, durch Ihn und in Ihm ist Alles, das Körperliche sowohl als das Geistige!" — „Coeli enarrant gloriam DEI, et opera manuum ejus annuntiat firmamentum." (Psal. XVIII, 2.)

„Das Beharrliche aufzuspüren in dem wellenartig wiederkehrenden Wechsel physischer Veränderlichkeit", dieses ist nach dem Urtheil des grössten deutschen Natur-

---

*) „Il polo sublime de la verità." [Spaccio de la bestia trionfante. Op. publ. Wagner. Vol. II, p. 193. cf. p. 138, 140 e. p.] Und dies Sternbild, die wahrhaftigen „sieben Sterne in der rechten Hand Gottes" (Apokal. 1, 20. II, 1. muss allein das Gestirn sein, nach dem sich richten die Weisen aus dem Abendlande — kein anderes! Psalm CXVIII,30 bleibt ihr Wahlspruch: Viam Veritatis elegi. — Diese kleine Schrift glaube ich nicht schöner schmücken zu können, als wenn ich diesen Stempel auf ihre Stirn drücke: er mahnt uns daran, nicht unsre kleine Erde für die Welt zu halten, und er fasst zugleich in ein Symbol zusammen die herrlichen Worte Bacon's und des hochherzigen Vauvenargues: „Truth is the sovereign good of human nature. The first creature of God, in the works of the days, was the light of Sense: the last was the light of Reason. — Certainly it is Heaven upon Earth, to have a Man's Mind ... turn upon the Poles of Truth." [Ess. I.] „La Lumière est le premier fruit de la naissance, pour nous enseigner que la Vérité est le plus grand bien de la vie. — La Vérité est le soleil des intelligences."

forschers der Beruf aller wissenschaftlichen Naturbetrachtung. „Es ist eine Erkenntniss, welche alle Bildungsstufen der Menschen durchdringt, dass ein **gemeinsames**, **gesetzliches und darum ewiges Band** die ganze lebendige Natur umschlinge;" und „das wichtigste Resultat des sinnigen physischen Forschens ist dieses (fährt **Humboldt** fort), den **Geist** der Natur zu ergreifen, welcher unter der Decke der Erscheinungen verhüllt liegt." Die Gesammtheit des Wirklichen ist **keine chaotische Masse**, sondern „für die denkende Betrachtung **Einheit in der Vielheit**;" daher „durchdringt uns überall ein dumpfes Ahnen ihres Bestehens nach inneren ewigen Gesetzen — das fast bewusstlose Gefühl höherer **Ordnung** und innerer Gesetzmässigkeit der Natur — das dunkle Gefühl des **Einklangs**, welcher in dem ewigen Wechsel ihres stillen Treibens herrscht." — Der Kosmos ist ein **einmüthig** geordnetes Ganzes, das Ein Band umschlingt und verknüpft: „nur Ein Herzschlag erwärmt und bewegt das All" (**Jean Paul**); und dieses gesetzliche **Ineinandergreifen** alles Seins, das **einstimmige** Wirken aller Sphären der Natur, die συμπάϑεια τῶν ὅλων, Stoisch, die σύμπνοια πάντα, Hypokratisch zu reden, ja jeder Causalnexus der Elemente, der Atome (was schon **Diogenes** von Apollonia geltend gemacht hat — vgl. Zeller, Phil. d. Gr. 1), weist hin auf einen **einheitlichen Urquell** alles Seins, auf Ein absolutes Wesen, durch dessen ewig schöpferisch fortwirkende, immanente Kraft das Universum besteht. Die systematische Einheit des Alls bleibt für die **chaotische Weltauffassung** des Materialismus und Atheismus ein ewiges Räthsel. — Wahre Naturphilosophie, die schon **Dante** (l'inferno XI, 104) als „Gottes Enkelin" pries, kann so wenig zur Läugnung eines göttlichen Princips führen, wie Philosophie überhaupt: denn alle Gesetze des **Denkens** führen zur Annahme Eines absoluten Urgrundes der Welt — als einer, wenn man will, nothwendigen Hypothese der menschlichen Vernunft," wie Kant sagt, — nothwendig, weil genaueres Forschen überall nach Einem Puncte hin convergirenden Strahlen begegnet.*)

Die Evolutionstheorie führt nothwendig zu einer absoluten Teleologie (als dritte Form der Teleologie: gegenüber der äusserlichen, anthropomorphistischen, und der zwar immanenten, aber doch dem „Mechanismus der Natur" als ihm Fremdes beigeordneten — anstatt, ihn in sich aufnehmend, übergeordneten Teleologie). Nicht ganz mag freilich der Ausdruck „Teleologie" passen: da sie nicht annimmt, dass die Natur sich nach einem gesteckten Ziele hin, sondern aus einem innersten, unergründlichen Principe alles Seins und Lebens heraus in einheitlich harmonischer Entwicklung gestaltet.

Unverkennbar strebt die ganze physische Entwicklung unsres Planeten der Offenbarung eines aus der Latenz sich zu immer höheren Formen entwickelnden selbstbewussten Lebens zu (vgl. die schönen Schlussworte von Lyell's „Alter des Menschengeschlechts"): das eben nur möglich wird durch das harmonische Hinwirken aller Sphären des Naturwaltens. Der Mensch ist „aus den Tiefen der Natur" emporgestiegen, aber eben nur, weil die Natur solche einmüthige Kräfte und Gesetze hat, welche die Manifestation geistigen Lebens gestatten. (Vgl. Kant, Theor. d. Himmels. II, 8. WW. v. Hartenst. VIII, 345, u. Hume, Enq. VII, 2, in Tennemann's Uebers. S. 158.) — Und dieses Sonnenstäubchen im Weltall, unsre Erde, wird doch nicht das einzige unter den Billionen von Ge-

---

*) Diese Einheitsbestrebungen der menschlichen Natur zeigen sich allenthalben, auch in den seltsamsten Formen, — und gerade hier, wo der Geist nach einem obersten Princip hindrängt, sollte man ihm nicht folgen?

stirnen sein, auf welchem Organismen und weiter vernünftige Wesen leben? Durch die Spectralanalyse wissen wir, dass viele, vielleicht die meisten tellurischen Elemente auch auf andern Himmelskörpern sich finden; ohne dem Vorwurfe zu schwärmen ausgesetzt werden zu dürfen, drängt sich daher unabweisbar der Gedanke auf: dass die **Evolutionstheorie allgemein kosmische Bedeutung** hat. Es muss **ein Universum geistigen Lebens geben: und stets gegeben haben.** Denn wie wir überzeugt sein müssen, dass es im Weltall nur Eine Wahrheit geben kann, wie wir uns versichern, dass durch die ganze Reihe terrestrischer Organismen, „*similiter spirant omnia,*" nach dem Koheleth, und daher eine einheitliche Gesetzmässigkeit der Vorstellungsprocesse und der Dynamik der Affecte zu erkennen ist, welche in den verschiedenen Ordnungen und Classen nur niedere oder höhere Stufen der Entwicklung erreicht, — eine einhellige Gesetzmässigkeit alles geistigen **Lebens, welches eben selbst nur durch die durchgängige Uebereinstimmung und Parallelität mit den äusseren Naturgesetzen in seinem Bestehen gesichert ist!**: — so werden wir auch nicht zweifeln, dass, wo auch immer die physischen Verhältnisse auf andern Himmelskörpern ein organisches Leben gestatten, und wie sehr dasselbe in somatischen Beziehungen, in Grösse und besonderer Eigenthümlichkeit, auch von dem tellurischen abweichen mag, doch das physische Leben, **als Spiegel des Universums und seiner Gesetzmässigkeit,** denselben Gesetzen folgt, wie auf unserm Planeten, auch wenn der Grad dieser geistigen Entwicklung ein ausserordentlich verschiedener sein mag, und z. B. die **irdische Intelligenz,** aller Wahrscheinlichkeit nach, auf andern Gestirnen weitaus übertroffen werden wird; — da es uns uns doch wohl nicht beifallen wird, unsre Erde in dieser Hinsicht an die Spitze der

Myriaden von Gestirnen des Universums zu stellen! — Und da durch die Spectralanalyse erwiesen ist, dass noch jetzt ganze Astralsysteme nicht aus jenem chaotischen Urnebel hervorgetreten sind, aus dem sich einst unser Sonnensystem entwickelt hat; da wir anzunehmen genöthigt sind, dass unter den zahllosen Himmelskörpern alle Stadien der Entwicklung gleichzeitig vertreten sind, dass, um mich des schönen Bildes von Strauss zu bedienen, „das All einem jener südlichen Bäume gleicht, an denen zu derselben Zeit hier eine Blüthe aufgeht, dort eine Frucht vom Zweige fällt;" da es endlich vieles Wahrscheinliche hat, dass die erkalteten und scheinbar todten Gestirne, genauer: die nach Beendigung des verhängnissvollen Spirallaufs zusammengestürzten Systeme von Gestirnen, sich stets zu neu-lebendiger Entwicklung wieder auflösen: so erhellt, dass einem das Universum in seiner Totalität umfassenden Auge **das Weltall im Ganzen ewig in derselben Verfassung begriffen***) erscheinen würde — Gedanken, die in der Lehre der Eleaten und in gewissen Conceptionen des Heraklitischen Systems ihren dunkel-ahnungsvollen Ausdruck gefunden haben.

„Ewig zerstört, es erzeugt sich ewig die drehende Schöpfung
Und ein stilles Gesetz lenkt der Verwandlungen Spiel."
(Schiller.)

Eine Stimme spricht zu uns aus dem Universum: Ich bin, der da ist, der da war, der da sein wird. — Und eine

---

*) Diese Weltanschauung trifft daher weder der Vorwurf des Spinoza: dass Teleologie eine Unvollkommenheit des Weltprincips voraussetze, als erst strebend nach Vollkommenheit, — noch der Vorwurf des Schopenhauer (W W. III, 205): dem „stelle sich die Einsicht *apriori* entgegen, dass bis zu jedem gegebenen Zeitpunct bereits eine unendliche Zeit abgelaufen ist, folglich Alles, was mit der Zeit kommen sollte, schon dasein müsste." — „*Facies totius Universi, quamvis infinitis modis variet, manet tamen semper eadem!*" *[Spinoza Epist. LXXI.]*

Weltanschauung, die sich von allen Puncten aus zu einer gewaltigen Einheit zusammenwölbt, scheint uns die einzig befriedigende.

„Und dir rauschen umsonst die Harmonieen des Weltalls?
Dich ergreift nicht der Strom dieses erhabnen Gesangs?
Nicht der begeisternde Tact, den alle Wesen dir schlagen,
Nicht der wirbelnde Tanz, der durch den ewigen Raum
Leuchtende Sonnen schwingt in schön gewundenen Bahnen?"
(Schiller.)

Die **unmittelbare Intuition** dieser ewigen **Harmonie und Ordnung**, dieser innern **Gesetzmässigkeit,** — dieses dunkle **Fühlen höherer Einheit** — ein wahres **Naturevangelium** ist der Kern alles **ästhetischen** Geniessens, welches ebendaher dem **religiösen** Gefühl so verwandt ist, und so leicht in dieses übergeht. Beide wirken, aus demselben **Grunde, als ethisches Bildungsmittel** von höchstem Werthe: und das Ziel alles **intellectuellen** Strebens, dessen Erringung eben so unmittelbar die höchsten und reinsten Geistesfreuden gewährt, ist ebendiese **Erkenntniss der universellen Einheit und Ordnung**: welche daher, sich wiederspiegelnd in den verschiedenen Thätigkeiten unsrer geistigen Grundkraft, **die gemeinsame Wurzel ist in Religion, Kunst, Wissenschaft und Sittlichkeit.***)

„Was erst, nachdem Jahrtausende verflossen,
Die alternde Vernunft erfand,
Lag im Symbol des Schönen und des Grossen
Vorausgeoffenbart dem kindischen Verstand!"**)
(Schiller.)

---

*) Dass eben in dieser vereinten Wirkung intellectueller, ästhetischer und sittlicher Momente der hinreissende Zauber der Platonischen Schriften beruht, hat schon der berühmte Verfasser der „Philosophie der Griechen" [II, 1. p. 356 *et passim*] nachgewiesen.

**) Man kann sich eine Zeit denken, wo die im ersten Abschnitt von Strauss' „Testamente" niedergelegten Anschauungen in's allgemeine

Religion, deren reinste und edelste Wurzel wir blossgelegt haben, ist kein Mittelding von Metaphysik und Moral und kein blosses Durchgangsstadium der Menschheit: vielmehr im tiefinnersten Wesen der menschlichen Natur nothwendig und ewig begründet, als universelles **Bedürfniss des Gemüths**, das sich in innigster Andacht in ein lebendiges Verhältniss setzt zu dem **Urgrund** des „vernunftvollen Alls." Durch diesen „Cultus des Herzens" fühlt der Mensch sich gereinigt und erhoben, beseligt im tiefinnersten Gemüthe und „fragt nichts nach Himmel und Erde" (Assaph, Psalm 73, 25); eine heilige Weihe überkommt das in friedvoll verklärter Sonntagsstille sich dem Unendlichen vertrauende Gemüth: — und nur dieses verlangt **wahre Religion**. —

Philosophie und Naturwissenschaft können, wie aus allem Gesagten hervorgeht, nur einen **veredelnden** Einfluss auf das religiöse Leben ausüben; damit ist aber durchaus nicht gesagt, dass alle begabteren Pfleger und Mehrer der Wissenschaft sich durch grössere Religiosität auszeichnen müssten. Jene idealische Blüthe des Menschengeistes setzt ein tiefes und reiches Gemüthsleben voraus, welches den zur wissenschaftlichen Forschung geschickten, durchdringenden Verstand nicht eben als Regel begleitet;

Bewusstsein übergegangen sind: aber nie dürfte der Staat daran denken, die **Kirchen** eingehen zu lassen! Schon allein durch ihre ästhetische Seite, durch edeln grossartigen Gesang und Orgelton in ihren majestätischen Hallen, wirken sie auch **ethisch** erhebend auf die im Staube ihrer Alltagswelt und ihren meist nichtigen Zerstreuungen dahinlebende Menge, sie vertiefend in ihrem Gemüthsleben, veredelnd in ihrem Wollen, — sie davor bewahrend, **ganz** in jenem Mückendasein aufzugehen. So waren ja auch bei den Hellenen die ästhetischen Genüsse vom **Staate** geleitete, allgemeine Bildungsmittel! — Und wenn vor der Kritik eines **Strauss** unsre jetzigen Predigten (wie sie meist zu sein pflegen) nicht Stand halten, sollte er nicht glauben, dass es **andre Wege gebe, durch das lebendige Wort** veredelnd auf das Volk zu wirken? — Auch durch Verkündigung wahrer **Wissenschaft** würden die Tempel nicht geschändet!

es kommt hierzu noch die Bedeutung des „Gebrauchs und Nichtgebrauchs der Organe," welche sich viel weiter erstreckt, als man gewöhnlich glaubt. Schon Lichtenberg forderte harmonisches Wachsthum aller Seelenkräfte, allseitige — also auch Gemüthsbildung des Menschen; er fürchtete, dass ihm bei seiner einsamen Lebensweise (welche ja sehr viele Gelehrte und Denker mit ihm gemein haben) „Alles zu Gedanken würde und das Gefühl sich verlöre:" — weil eben aus dauernder Unthätigkeit schliesslich Unfähigkeit resultirt. Auch Burdach klagte über die „eisigen Höhen eines gemüthlosen Wissens," das den „innern Einklang" zu finden vergeblich suche. — —

— In Hinsicht auf den Glauben an eine Unsterblichkeit ist lediglich zu constatiren, dass sie zu den früher geltenden Gründen Nichts für und Nichts wider hinzubringt. Die Menschheit soll sich aber aus der Thierwelt entwickelt haben! Ganz recht; jedoch noch immer entwickelt sich jedes einzelne Menschenkind aus der Zelle des Keimbläschens durch den Wurm zum Amphibium und aus diesem durch ein völlig behaartes Thier erst zum Menschen: wann sollte in diesem Entwicklungsgange die Seele unsterblich werden, wenn die thierische Abstammung an sich der Unsterblichkeit widerspräche? Es lässt sich durchaus nicht deduciren, dass das Thier keine Unsterblichkeit haben könne, wohl aber und nur der Mensch. „Und du Frühlingswürmchen, das grünlich golden neben mir im Staube spielt, du lebst, und bist vielleicht, ach, nicht unsterblich?" fragt der würdige Klopstock. Und Leibnitz sagt sehr gut: *„Rien n'est plus propre à établir notre immortalité naturelle, que de concevoir que toutes les âmes sont impérissables: morte carent animae." „Il sera toujours difficile de persuader aux hommes que les bêtes ne sentent rien; et quand on accorde une fois que ce qui est capable de sentiment peut* *périr, il est difficile de maintenir par la raison l'immortalité de nos âmes!"*

Das religiöse wie das philosophische Bewusstsein weiss, dass es immer und jedenfalls in Gottes Hand steht, „in Ihm leben, weben und sind wir;" es weiss ferner, dass es nicht nur leere Extensität, dass es auch Intensität des Geisteslebens giebt; Gedanken, die später Jahrtausende überdauern, waren an sich unsterbliche Gedanken. *„Quid est virtutis praemium? futura non indigere nec dies suos conputare: in quantulo libet tempore bona aeterna consummat,"* sagt Seneca; — „mitten in dem Endlichen Eins werden mit dem Unendlichen und ewig sein in jedem Augenblick, das ist die Unsterblichkeit der Religion" — Schleiermacher. Hier, wenn irgendwo, ist der Ort, wo ein Kant die „Idealität der Zeit" hätte in Anspruch nehmen sollen: und gerade hier giebt er sie auf! — Im Uebrigen halten wir nichts von jenem *„memento mori,"* sobald es nicht gerade als Grund aufgestellt werden soll für das *„memento vivere;"* *) sondern sagen mit Spinoza: *„Homo liber de nulla re minus quam de morte cogitat, et ejus sapientia non mortis, sed vitae meditatio est."*

— Allerdings ist die „neue Wahrheit" der Evolutionstheorie auch auf religiösem Gebiet unvereinbar mit „altem Irrthum," kann aber ebendarum nur veredelnd wirken. Wir denken mit jenem ehrwürdigen Bischof von London, Tait (s. Lubbock *Prehistoric times*, p. IX): „Der Mann der Wissenschaft soll ehrlich, beharrlich, zuversichtlich zu Werke gehen, beobachtend und seine Beobachtungen sammelnd, und seine Betrachtungen ohne Ausweichen zu ihren rechtmässigen Schlussfolgerungen betreibend: überzeugt, dass es Verrath sein würde zugleich an der Majestät der Wissenschaft

---

*) *„La pensée de la mort nous trompe, parce qu'elle nous fait oublier de vivre."*   Vauvenargues.

wie der Religion, wenn er einer von beiden damit beizustehen suchte, dass er auch noch so wenig von der geraden Linie der Wahrheit abwiche." Die Religion ist ja — nach dem grossen, versöhnenden Worte des Reformators des Protestantismus — „kein Sklavendienst und keine Gefangenschaft, am Wenigsten für unsre Vernunft; sondern auch hier sollen wir uns selbst angehören; — ja dies ist sogar eine unerlässliche Bedingung, ihrer theilhaftig zu werden." —

Es ist möglich, dass Manchem wehe thun wird die Zerstörung lieb gewordener Vorstellungen; doch kann uns dies nicht irre machen auf dem Wege der Wahrheit: Die in jedem Uebergangsstadium eintretenden Collisionen einer neuen (und darum noch fremden) Wahrheit mit alten, lieb gewordenen Irrthümern sind unvermeidlich: sollten wir darum immer im Irrthum versunken bleiben? Der Grieche jammert über die Flucht seiner Götterwelt, über die „Entgötterung der Natur" — der Jude wehklagt, wenn man ihm zeigt, dass er, wie der Wanderer auf dem Brocken, nur sein eigenes, in's Colossale vergrössertes und strahlendes Schattenbild in den Wolken gesehen habe: in dem Bilde des Blut und Mord fordernden und die Sünde der Väter an den Kindern bis in's dritte und vierte Glied rächenden Nationalgottes — das Kind weint, wenn man ihm seine Elfen und Heinzelmännchen ausreden will: — die Wahrheit gehet ewig ihren stillen Schritt und „heilet den Schmerz, den sie vielleicht uns erregt." (Göthe.) —

Man wird erinnert an jene „*natural, though corrupt love of the Lie itself* — die natürliche, obgleich verderbliche Liebe zur Lüge selbst," welche Francis Bacon annimmt (Ess. I), wenn man immer und immer wieder die Wahrheit als den Störenfried behandeln sieht!: als ob nicht die Wahrheit als solche immer ein freundliches, und nur gegen den sich ihr widersetzenden

Trug ein finsteres Antlitz hat! Die Schuld an allem Jammer haben die falschen Begriffe, die oft schon in frühester Jugend in unsern Kopf einoculirt worden sind und nun als Heiligthümer conservirt sein wollen. Man scheint aber wirklich manchmal zu meinen, dass die Wahrheit, der rechtmässige Herr, in ihren vom Gesindel usurpirten Weinberg nur hinterrücks, wie der Dieb, in der Nacht sich einschleichen solle, — und unter tiefen Bücklingen wieder abziehen, wenn sie von den „ungerechten Gärtnern" ertappt wird und diese nicht zu weichen belieben. Da sei Gott vor!*)

Das sind schlechte und nicht „gute Braminen," die sich (wie jener Voltaire'sche) unglücklicher schätzen als ein altes Paria-Weib! „*Beatus homo, qui invenit sapientiam.*" (*Proc.* III, 13.) Büchner freilich spricht (Kr. u. St. 10. Aufl. S. 272) von dem „fast vollständigen Mangel an äusserem und innerem (!) Lohn (!)" der Wahrheitsforschung, von „jener geistigen Unruhe, jenem Seelenschmerz, welcher nur demjenigen begreiflich ist, welcher gewisse Bahnen der Erkenntniss überschritten hat," — von dem „Schmerz der Erkenntniss!" Aber warum hat Ludwig Büchner nicht einen andern Beruf gewählt, als die Wissenschaft, die ihn nicht „lohnt?" (Vielleicht freilich ist es auch nur seine materialistische Weltansicht, die ihn nicht befriedigt!) Die Befriedigung jedes natürlichen Triebes beglückt; daher man (bei

---

*) Wilhelm v. Kaulbach hat sich durch seinen „Peter Arbues" ein unvergängliches Denkmal gesetzt in den Herzen aller Wahrheitsfreunde; erspart doch ein einziger Fingerzeig auf das im Zimmer des Philosophen aufgehängte Bild diesem die Antwort auf unzählige Phrasen, mit denen der Unverstand ihn belästigt; beschwört Ein Blick dorthin ihm doch wieder herauf die zahllosen, blutigen Opfer des Truges, und mahnt ihn daran, ohne Ausweichen, ja ohne das Auge nach rechts oder links schweifen zu lassen, fortzuschreiten auf der Bahn, die ihm in den Gestirnen, durch den „Pol der Wahrheit," vorgezeichnet: — an das Vermächtniss der Bruno und Vanini!

einer gewissen kritischen Vorsicht) aus der Freude, die uns die Beschäftigung mit einem gewissen Gegenstande gewährt, selbst erkennen kann, wozu man natürliche Befähigung und Beruf hat, und wozu nicht. „Das Interesse, welches das Individuum an etwas findet, ist die schon gegebene Antwort auf die Frage, ob und was hier zu thun sei," sagt daher Hegel sehr treffend (WW. II, 299) — ein Gedanke, den auch Göthe mehr als einmal ventilirt hat. — Allerdings giebt es auch zur Wissenschaft in hohem Grade befähigte Geister, die in dieser Grosses leisten, und doch nicht befriedigt werden, — aber nicht etwa von der Wissenschaft nicht befriedigt werden, sondern vom Leben überhaupt nicht: diese wären aber ohne Wissenschaft noch unglücklicher geworden. Solche Geister waren Voltaire und Schopenhauer.

V. Werthschätzung der Zukunft der Menschheit.

Von Philosophie verlangen wir Wahrheit und nichts als Wahrheit! und im Philosophen muss deren subjectives Correlat angetroffen werden: Wahrhaftigkeit. Wenn wir daher aus einer sorgfältigen, vorurtheilsfreien, objectiven Abwägung der Chancen unsers Lebens das Resultat erhielten: dass der Werth unsers Lebens unter Null sei, *„universa vanitas et afflictio spiritus;"* so würden wir, in der Philosophie, den Pessimismus vertheidigen müssen, und uns nicht hinter Sophisticationen flüchten dürfen, zu denen sich selbst ein Strauss (D. a. u. d. n. Glaube. 6. Aufl. S. 146), in einem Augenblicke „trostloser" Logik, leider verirrt hat. Und auf gewisse Leibnitzische Bedenklichkeiten muss man entgegnen mit Lichtenberg: „Wir sind Theile dieser Welt, Mitbewohner, und der Gedanke, der in uns lebt und webt,

gehört ja auch mit dazu. Da wir nun ein für allemal in des lieben Gottes Unterhause sitzen und er selbst uns Sitz und Stimme aufgetragen hat, sollen wir unsre Meinung nicht sagen? Wenn wir sie nicht sagen sollten, sagen dürften, so würden wir sie nicht sagen können." — Dies ist also die grosse **Frage**: hat unser Leben einen positiven Werth, oder besteht es nur in der „Pendelbewegung zwischen Noth und langer Weile?"
Es ist nun ungemein schwer, eine objectiv richtige, wissenschaftliche Beurtheilung des Lebenswerthes im Allgemeinen zu geben: weil wir Alle so verschieden sind in unsern äusseren Schicksalen, noch weit mehr aber, weil unsre Empfänglichkeit für Gutes und Böses so durchaus differirt — denn der menschliche Geist ist nie bloss receptiv, sondern stets auch reactiv. Jeder lebt somit in einer andern, ganz eigenthümlich beleuchteten Welt, ja er sieht sogar zu verschiedenen Zeiten Welt und Leben in ganz verschiedenem Lichte, je nachdem auf seinem innern oder äussern Horizonte Wolken aufziehen, oder klare Sonne scheint — anders bei Gesundheit, anders bei Krankheit — anders bei Freude, anders bei Trauer — anders wird der junge Plato, Friedrich II., Göthe, oder wer sonst, urtheilen, anders der den Freuden des Lebens schon mehr abgestorbene alte Plato, Friedrich, Göthe; weshalb die pessimistischen Aeusserungen vieler grosser Männer in ihrem Alter erklärlich, aber nicht maassgebend sind. (Vgl. Leibnitz, *Théod.* §. 260.) Es ist daher „das Gemüth des Menschen sein Dämon," ἦθος ἀνθρώπῳ δαίμων, nach des alten Ephesiers unsterblichem Worte:

„The mind is its own place, and in itself
Can make a Heav'n of Hell, a Hell of Heaven,"

nach Milton (*P. l.* 1, 254 *sq.*)

Die Dichter haben nun eine pessimistische Auffassung des Lebens meistentheils der gallsüchtigen Beschaffenheit des beschauenden **Subjects** zugeschoben, als einem das Ebene verzerrenden, hohl geschliffenen, **trüben Spiegel**: „Sie sind voll Honig die Blumen, aber die Biene nur findet die Süssigkeit aus." — „Saugt nicht aus gleichem Rosenstrauche die Raupe Gift, die Biene Süssigkeiten?" (Wieland.)

„Der Gottes-Erde lichten Saal
Verdüstern sie zum Jammerthal;
Daran entdecken wir geschwind,
Wie jämmerlich sie selber sind." (Göthe.)

„Dein Auge kann die Welt trüb oder hell dir machen,
Wie du sie ansiehst, wird sie weinen oder lachen."
(Rückert.)

„*Sincerum est nisi vas, quodcunque infundis acescit.*" (Horaz) u. s. w. — In der Philosophie aber hat eine gewisse Richtung die Welt selbst für „jämmerlich" ausgegeben.

Es liegt mir nun sehr fern, „lahme Beweise mit neuen Krücken zu versehen," den Hypersanguinischen zu spielen und, „*dans ce meilleur des mondes possibles,*" das Elend der Menschen, „das ungeheure, namenlose Uebel, den herzzerreissenden Jammer in der Welt," durch allerhand dialektische Gymnastik hinwegzusophistisiren, oder, um blind zu sein, die Augen zuzukneifen; denn gegen solch' platten Optimismus (das Wort in seiner eigentlichen Bedeutung gefasst), mit seinem obligaten πάντα καλὰ λίαν, wäre der „Pessimismus der sittlichen Entrüstung" wohl am Platze: — der edlere, ethische Pessimismus, ich möchte sagen: der Pessimismus der Melancholie (wie er sich am Ausgeprägtesten, aber auch bis zur Einseitigkeit entwickelt, bei Arthur Schopenhauer findet), dem sich das Auge wehmüthig umflort, wenn er etwas weiter und etwas tiefer in's Leben seiner Mitmenschen schaut und von „der Menschheit ganzem Jammer" erpackt wird; — im Gegensatz zu dem hypochondrischen, ich möchte sagen:

egoistischen, blasirten, spleenigen Pessimismus, — der zu oft nur aus dem Ueberdruss und Ekel vor dem bis auf die Hefen geleerten Freudenbecher resultirt: dieser Pessimismus ist denjenigen eigen, welche uns, wie Petrarca einmal sagt (*de vita solitaria* I, 6, 1), heerdenweise auf den Plätzen grosser Städte begegnen als lebendige Illustrationen zu der Grammatiker: „*piget, taedet ac poenitet.*" „*Omnis stultitia laborat fastidio sui!*" sagt Seneca. — Ganz ohne eine Spur von jenem ethischen Pessimismus, ohne einen Zug der Schwermuth, kann die Lebensbetrachtung eines tieferen Geistes nicht ausfallen: und der vulgäre Optimismus, der meist durch diejenigen leichtlebigen Kinder des Glückes vertreten wird, welche, um in ihrem eigenen, sorglos-behaglichen Genuss nicht gestört zu werden, geflissentlich ihr Herz verstocken vor dem endlosen Elend ihrer Mitmenschen, und scheu, wo es ihnen begegnet, ihr Auge unter kaltem Lächeln abwenden, — dieser Optimismus ist nicht eben zu verehren. —

Es ist nicht „Alles sehr schön:" aber noch weniger ist Alles schlecht. Mir ist sehr wohl bewusst, welche colossalen Opfer jeder Augenblick im Haushalte der Natur fordert, — ich weiss, „wie sorglos Allmutter Natur ihre Kinder tausend drohenden Gefahren entgegensendet:" aber nicht weniger weiss ich (und weiss jeder Thierkenner, der seine Studien nicht bloss am Secirtisch und in den Museen gemacht hat), dass, im ganzen Thierreiche, die überwiegende Summe der Affecte freudiger Art ist: — wie uns dies ja alle Thiere, denen es gegeben ist, ihre Gefühle durch Töne auch uns verständlich auszudrücken, ich meine die Vögel, in so unzweideutiger, herzerhebender Weise offenbaren; denn kein Vogel singt, wenn ihn hungert oder friert, nicht einmal die Nachtigall, welche aus Trauer klagend singen soll, erklärt schon (im Phädo) der göttliche Plato. Wohl vernichtet in

Einem Augenblick unser Fusstritt Tausend Geschöpfe, aber Tausend Augenblicke hatten diese ihres Daseins genossen; wohl flattert verzweiflungsvoll die Lerche in den Fängen des Sperbers, aber Jahre lang hat sie zum Himmel aufgesandt ihre Freudelieder. Und auch das allgemeine, unwillkürliche Urtheil über den Werth unsers Daseins wird wohl das richtige sein: das Urtheil, das sich unwillkürlich darin ausspricht, wenn wir frohlocken bei der Rettung eines Kindes aus dem Wellentode — das Urtheil, das der Sänger der Odyssee ausspricht, wenn er den Achilles klagen lässt, dass er nicht mehr weilen dürfe unter Helios' goldigem Lichte!*) —

Es ist nicht Alles sehr schön: aber wie sich, für Alle, die sehen wollen, nicht verkennen lässt eine stetige Steigerung und grössere Sicherstellung des Lebenswerthes von dem traurigen, unfreien, durch **Hunger** und durch **Furcht** gar sehr getrübten Zustande des Wilden an bis zu dem unsrigen; so verkündigt die **Wissenschaft** mit zweifelloser Gewissheit, auf Grund des **friedlichen Kampfes um's Dasein**, eine beständige **Erhöhung der positiven** Chancen unsers Lebens. **Herbert Spencer** (neben **Wallace**) hat sich das Verdienst erworben, auf Grund der bisher erkannten, allgemeinen biologischen und specielleren Entwicklungs-Gesetze den Gang, welchen die zukünftige Entwicklung des Menschengeschlechtes aller Wahrscheinlichkeit nach nehmen wird, in einigen Zügen zu kennzeichnen (vgl. *Principles of Biology, vol.* II, §§. 372—377; vgl. auch Lubbock, *Prehistoric Times p.* 481. 491. *sq.*).

Jener grosse Process der „*Natural Selection*" muss schliesslich zu der möglichst genauen Anpassung der Menschen an die Naturbedingungen führen, während jene selbst ihre intellectuellen Fähigkeiten in eminentem Grade

---
*) „*S'il est vrai que nos joies soient courtes, la plupart de nos afflictions ne sont pas longues.*" Vauvenargues.

potenzirt haben müssen. Es resultirt hieraus ein Lebenszustand, in dem von jedem Individuum nur seine normale und daher ihn beglückende Thätigkeit gefordert wird. Eine **beglückende Thätigkeit**: denn die **Hauptquelle alles menschlichen Glückes** entspringt, wie schon Aristoteles gelehrt hat, aus **Thätigkeit, aus ungehinderter Ausübung irgend einer eigenthümlichen Kraft** (vgl. oben S. 60), und es hat aus diesem Grunde die **Arbeit** einen selbstständigen Werth, nicht bloss, weil sie, wie Schopenhauer will, die „Langeweile" verscheucht; nicht erst nach dem „Feierabend" geniesst der Arbeiter seines Daseins (— aber natürlich: „*est modus in rebus!*"). Schiller sagt daher so schön als wahr (ganz in Kant's Sinne und theilweise selbst in seinen Worten — Vorr. z. Braut v. M.): „Alle Kunst ist der Freude gewidmet, und es giebt keine höhere und keine ernsthaftere Aufgabe, als die Menschen zu beglücken. Die rechte Kunst ist nur diese, welche den höchsten Genuss verschafft. **Der höchste Genuss aber ist die Freiheit des Gemüths in dem lebendigen Spiel aller seiner Kräfte.**" Ja, ich wage es zu sagen: rechtverstanden, ist auch alle **Wissenschaft der Freude gewidmet**; und kommt kein Glück gleich dem herzerquickenden Gefühle geistiger Vollkraft. —

Der hochpotenzirten Geisteskraft dieses Zukunftsmenschen wird auch eine entsprechend gesteigerte Thätigkeit organisch, spontan, genussbringend sein, und eben hieraus resultirt eine entsprechend gesteigerte Intensität des Bewusstseins (s. S. 6 u. 58): Und so liegt jenes goldene Zeitalter des Paradieses, von dem Dichter und Weise sangen und sagten, nicht (als eine unverdiente Gabe des Himmels) hinter uns: sondern (durch eigne Thätigkeit zu erringen) vor uns.

Lebenslauf des Verfassers
Georg v. Giżycki.

Ich bin am 14. April 1851 in Glogau geboren und bin Protestant. Meine Eltern, Julius v. Giżycki, jetzt Stadtgerichtsrath in Berlin, und Mathilde, geb. Kulau, leben. Den ersten Unterricht erhielt ich von meiner Mutter und besuchte dann die Realschule I. Ord. zu Görlitz, wo ich durch Herrn Oberlehrer Heinze, wie ich dankbar bekenne, sehr gefördert worden bin. Darauf besuchte ich die Halberstädter Realschule I. Ord. und legte hier die Maturitätsprüfung ab. Zu Ostern 1872 bezog ich die hiesige Universität und studirte hier bis jetzt Philosophie und daneben Naturwissenschaften. Ich habe die Vorlesungen der Herren Professoren Zeller, Harms, Helmholtz, Dove, Peters und Anderer besucht, und bin Denselben zu hohem Danke verpflichtet; von dem grössten Einfluss ward für mich der Unterricht des Herrn Professor Zeller, dem vor Allen nochmals meinen tiefgefühlten Dank auszusprechen ich mich gedrungen fühle.

Thesen.

I. Die Thatsachen unseres bewussten Seelenlebens berechtigen uns zu der Annahme unbewusster Vorstellungsthätigkeiten.

II. Bei der Bildung der Vorstellungen von Gegenständen ist unser Denken mitbetheiligt.

III. Im Systeme Spinoza's sind die Attribute nicht blosse Erkenntnissformen, sondern reale Eigenschaften der Substanz.

IV. Leibnitz' entschiedener Determinismus steht durch seine Consequenzen im Widerspruch mit dem theistischen Standpuncte des Philosophen und führt zu Spinoza's Gottesvorstellung zurück.

V. Lessing's Weltanschauung steht dem Leibnitzischen Systeme näher, als dem Spinozistischen.

VI. Vauvenargues kann auf den Namen eines Philosophen Anspruch machen.